SCULPTURE

AU SALON DE 1874

PAR

HENRY JOUIN

Le marbre a quelque chose de pur et de céleste.

DAVID D'ANGERS.

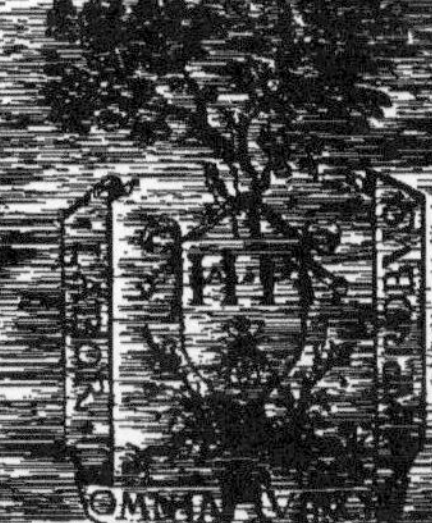

PARIS

E. PLON ET Cie, IMPRIMEURS-ÉDITEURS

RUE GARANCIÈRE, 10

1875

LA

SCULPTURE

AU SALON DE 1874

DU MÊME AUTEUR :

La Sculpture au Salon de 1873, précédée d'une Étude philosophique sur *l'Œuvre sculptée*, grand in-8°. — 2 fr.

PARIS. TYPOGRAPHIE DE E. PLON ET Cie, RUE GARANCIÈRE, 10.

LA
SCULPTURE
AU SALON DE 1874

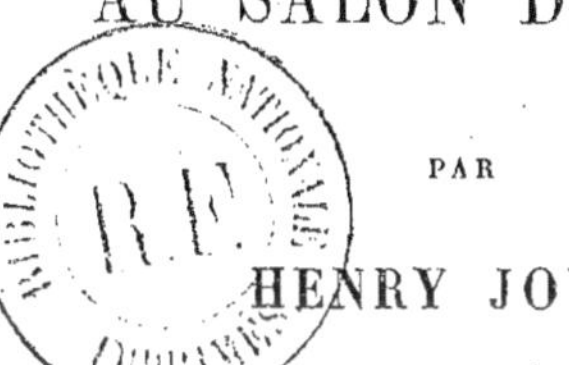

PAR

HENRY JOUIN

> Le marbre a quelque chose de pur et de céleste.
>
> DAVID D'ANGERS.

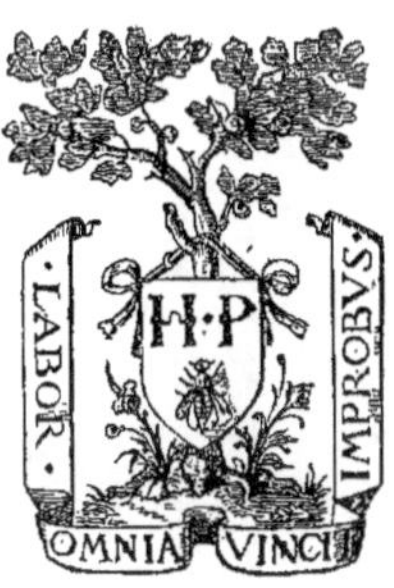

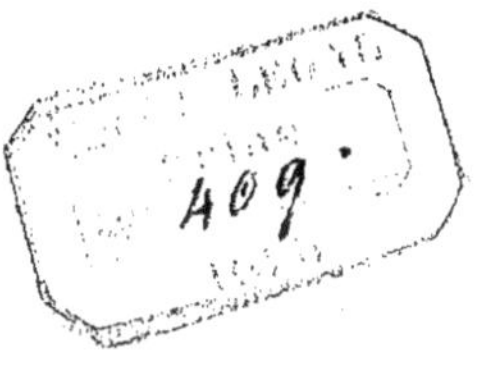

PARIS
E. PLON ET Cie, IMPRIMEURS-ÉDITEURS
RUE GARANCIÈRE 10

1875

DU MARBRE

I

Quoi d'étonnant qu'il faille y revenir ?

Ceux-là seuls qui n'ont jamais sondé la profondeur d'une pensée nous blâmeront de n'avoir pas su tout dire en une fois. Et pourtant, s'il est vrai que Michel-Ange n'avait pas assez de marbre pour tailler les pieds de ses statues, nous qui ne possédons point le génie du Florentin, ne pouvions-nous manquer de marbre à notre tour ? D'ailleurs, ce n'est pas un portrait défini, limité aux étroites proportions d'un corps d'homme que nous avons ébauché. Ce n'est ni le *Penseur*, ni *Moïse*, ni la *Nuit*. Ce sont toutes ces œuvres ensemble, si grandes qu'elles soient, et d'autres encore, car c'est le principe même de la sculpture que nous essayons d'exposer.

Qui peut dire la mesure d'une vérité ?

Qui peut condenser dans ce vase étroit et fragile, la parole humaine, cette chose divine, insaisissable, entrevue quelquefois, toujours inexprimée, la vérité !

Qu'est-ce qu'une vie d'homme ?

Un souffle. Et ce souffle est inutile ou profitable selon que l'individu s'applique à posséder la vérité, ou s'en va, suivant l'appel des passions, sans se soucier d'aucun principe.

Mais, y a-t-il un homme, parmi les plus illustres, qui ait possédé dans sa plénitude la vérité ?

Non.

Je n'ai donc pas à m'excuser de poursuivre l'entretien commencé.

Au reste, de tous temps, les meilleurs esprits se sont appliqués à l'étude d'une même pensée. La vie de Socrate et de Platon n'a été qu'un discours, toujours le même. Il y est parlé de Dieu, de vertu, de beauté, de bien suprême, d'âme immortelle..... Et quand la coupe des envoyés de Trasybule vint trouver Socrate au milieu de ses disciples, il fallut l'interrompre. — Il n'avait pas fini.

II

L'art, et plus spécialement l'art du sculpteur, appelle nos méditations. Nous serons amené, sans nul doute, en poursuivant nos recherches, à parler aussi de Dieu, de la vertu, du beau.

Quiconque lutte pour le triomphe du vrai ne peut faire moins que de rencontrer Dieu.

Qu'est-ce que la parole de l'homme, qu'est-ce que le verbe de l'enfant, le livre du philosophe lorsqu'ils portent en eux une parcelle de vérité, sinon le cours d'eau que sa pente conduit à l'Océan? Dieu est au sommet de l'étude vraie, comme la mer est à la limite des fleuves.

Nous avons dit et prouvé que la sculpture est l'art le plus élevé et le plus populaire.

Nous voudrions qu'on se pénétrât de l'importance d'un tel axiome.

Ne répond-il pas, en effet, au double besoin de notre époque ?

Quelle est la plaie de l'esprit chez les individus? L'absence d'idéal. Quelle est la plaie de la nation? L'abaissement du peuple.

Quelque chose d'élevé, qui puisse, sans rien perdre de sa dignité, devenir populaire, voilà ce qu'il faut à ce siècle.

Certes, ce ne sont pas les plaisirs qui manquent au peuple.

César est devenu légion.

Les princes sont détrônés, et les écrivains comme les artistes, comme les orateurs, trouvant les trônes vides, se sont tournés vers la rue.

En quelque lieu qu'on se place pour asseoir sa vie, on est toujours plus haut que la rue.

Ceux qui flattent le peuple regardent au-dessous d'eux.

La pensée ne sait pas descendre sans se ternir.

Donc, tous les flatteurs populaires, gens de plume, de ciseau, d'archet ou de crayon ne jettent à leur souverain que des pensées vulgaires, des jouissances diminuées.

Ils ne lui font que des plaisirs qui tuent.

Ils n'instruisent pas. Instruire, c'est élever.

A Dieu ne plaise que le peuple cesse d'être pour nous le but dernier de nos efforts! C'est lui que nous voulons atteindre; c'est lui que nous essayons d'initier. Loin de nous la pensée qu'une vie d'homme soit convenablement remplie si elle n'a servi qu'à l'éducation ou au plaisir d'un petit nombre.

Nous n'admettons pas, en principe, qu'il y ait les privilégiés de la joie lorsque la douleur s'impose à tous. Mais si nous prétendons toucher le peuple, c'est en l'appelant jusqu'à nous.

La statue ne va pas sans piédestal. Il en est de même de la pensée.

Telle est la règle. Le jour où vous rampez à ce point devant l'homme privé d'idéal qu'il puisse vous supposer de sa race, n'espérez rien de lui. Sans prestige à ses yeux, vous l'amuserez peut-être, vous ne le convertirez pas.

Il faut à la conversion de l'homme quelque chose de supérieur et de divin qui le saisisse en l'élevant. Si bas que soit tombé l'être déchu, il y a toujours en lui quelques restes que la fange n'a pas submergés. Ce sont peut-être, pour beaucoup, des lueurs confuses, des souffles intermittents à peine saisissables.

Qu'importe?

Dieu fera son œuvre. Multipliez les enseignements, jetez de hautes pensées sur cette foule, et Dieu dirigera vos pensées vers ces souffles perdus qui, ravivés, deviendront puissants et généreux.

Et quelle forme prendra la pensée de l'homme de bien, de l'artiste, pour être sûrement populaire, si ce n'est la forme sculptée?

III

Nous avons dit comment l'œuvre sculptée, par sa vie en plein soleil, est de toutes les manifestations de la pensée la plus accessible pour le peuple. Mais l'œil regarde et ne voit pas! Des statues décorent nos places publiques, nos parcs, nos fontaines, et nous ne surprenons pas dans le regard de l'homme de travail la trace de son admiration.

C'est donc que ce sont des œuvres fermées pour lui!

Il n'y a d'œuvres fermées que celles qui ont l'apparence de la vérité sans être vraies de tous points.

Nous avons vu ce qu'est l'art dans son principe, il nous faut dire maintenant ce qu'il est dans son but. Nous étudierons ensuite quelles sont les sources auxquelles l'artiste doit puiser. Instruit de ces trois choses, il saura produire des œuvres ayant tous les caractères de la vérité.

Rentrant alors dans le sujet spécial de ce livre, nous traiterons des instruments du sculpteur et de la matière qu'il met en œuvre.

IV

L'art a-t-il un but, une fin reconnue, essentielle, nécessaire?

Si l'art est une force, il ne peut échapper aux lois qui gouvernent toutes forces, de quelque ordre qu'elles relèvent.

Qu'est-ce qu'une force? C'est une puissance active. Il ne peut y avoir action sans mouvement. Tout mouvement dérive d'un principe, suit une direction et tend vers un but.

L'art a donc un but. — Quel est-il?

La manifestation du Beau.

C'est là le but essentiel et supérieur de l'art.

Mais le Beau lui-même n'est point séparable du Bien. Il est un avec lui.

En effet, si nous remontons à la notion philosophique de l'être, nous nous trouvons en face de phénomènes accessibles aux plus humbles esprits, et que nos artistes gagneraient à méditer.

Qu'est-ce que le Bien ? C'est, dit l'École, ce que tout être désire.

Qu'est-ce que le Beau? C'est ce que tout être veut voir.

Le Bien, *bonum*, fait que l'être se repose dans sa possession.

Le Beau, *pulchrum*, fait que l'être se repose en le contemplant.

Le repos de l'être, — *Ens*, — sa jouissance dernière, existant dans la possession du Bien comme dans la contemplation du Beau, nous sommes conduit à dire que ces notions, distinctes dans la langue parlée, doivent être considérées comme les deux aspects d'une même chose. La différence qui se peut établir entre le Bien et le Beau n'existe pas dans le principe, mais dans la relation des êtres avec le principe.

Le Beau fait appel à notre faculté de connaître, *vis cognoscitiva.*

Le Bien sollicite notre faculté de vouloir, *vis appetitiva.*

C'est ainsi que Dieu a voulu revêtir la vérité de tout ce qui pouvait être un attrait pour l'homme. Il a frayé dans la montagne des sentiers multiples, afin de rencontrer plus vite le voyageur attendu. A chacune de ses facultés il a fait son jour d'apaisement dans la possession d'un bien, qui n'est lui-même que le prélude du bien suprême et de l'éternelle beauté.

Que nos artistes veuillent se convaincre de l'unité d'un

principe que les esprits vulgaires ont essayé de diviser, et leurs œuvres, l'art, en un mot, puisera dans cette conviction du génie une séve que n'a point connue notre école moderne.

Cependant, puisque les facultés de l'homme sont diverses et peuvent agir séparément, il ne sera pas inutile d'étudier leur action distincte dans la recherche du Beau. Sans doute, l'abaissement de l'art à notre époque doit être la conséquence d'une opération incomplète, mutilée. Si nous ne manquons d'intelligence, nous devons manquer de logique. Si ce n'est pas la volonté qui nous fait défaut, ne serait-ce point la droiture ou l'élévation dans le désir ?

V

Le Beau s'adresse à l'intelligence. Il est le premier visiteur et le premier hôte. Il vient avec l'aube dans un rayon de lumière, dans le calme des flots, dans les parfums de la nature.

Vous avez vu passer un enfant, une vierge, un vieillard : vous vous sentez ému. C'est le Beau qui vous a touché. Il vous attire, il vous ravit. C'est à peine si vous l'avez entrevu, et déjà vous n'êtes plus complétement votre maître. Quelque chose qui n'a rien de raisonné vous emporte.

Le Beau ne se juge pas, il commande.

Interrogez Dante, Pétrarque, Raphaël, Phidias; demandez-leur ce que c'est que le Beau. Ils vous diront qu'on n'explique pas Dieu. Un certain jour, une vision céleste a passé devant eux; l'effort de leur génie a été de redire ce qu'ils avaient vu, et les siècles s'inclinent à l'envi devant le témoignage illustre de ces hommes épris de beauté.

Splendeur du vrai, la beauté pousse au cœur de l'homme des racines plus profondes que la vérité toute seule. Tandis que celle-ci se laisse contempler par l'œil du penseur et s'impose à lui sans l'enivrer, la beauté imprime à son être je ne sais quelles secousses impétueuses qui précipitent les pensées et les sensations au dedans de lui. Il y a comme une irruption soudaine, comme une lutte mystérieuse dans le secret de ses facultés. Combat gigantesque de Jacob avec l'Ange. Et ce n'est qu'après avoir resplendi sous ce rayon d'en haut que l'intelligence laissera filtrer la lumière jusqu'à la volonté.

Par un acte irréfléchi, dont la responsabilité ne remonte pas jusqu'à elle, l'intelligence se repose dans la contemplation de la beauté. Elle est en possession de sa fin, ne lui demandez rien de plus.

Elle voit.

Faculté inconsciente, dont le rôle est de connaître sans juger, l'intelligence n'a qu'une mission de courte durée en tant qu'elle agit seule.

Mais plus l'intelligence est profondément remuée, plus est rapide l'appel qu'elle fait à la volonté. Le mouvement de l'âme cesse alors d'être simple pour devenir complexe. Ses deux facultés marchent de pair dans la voie lumineuse qui vient de s'ouvrir devant elles. C'est une même vibration qui les agite, un même attrait qui détermine leur activité, une même joie qui les inonde de sa plénitude.

Sans doute, c'est une marque de notre infirmité de ne pouvoir raconter en un mot ces phénomènes qui ont notre entendement pour théâtre. Il nous faut décrire successivement des opérations instantanées et multiples. Car l'analyse la plus subtile ne saurait dire où l'action de l'intelligence cesse d'être isolée, pour se perdre dans le mouvement de la volonté qu'elle fortifie.

Il y a, principalement dans la rencontre du Beau par l'esprit humain, quelque chose de subit et d'irrésistible qui imprime une immédiate commotion à l'âme tout entière.

C'est une invasion de lumière, d'harmonie, d'extase qui ne laisse aucun lieu de l'âme inexploré. Cela se fait sans secousse, sans violence et cependant, nous l'avons vu, cette possession de l'intelligence et de la volonté par le Beau n'est pas consentie. L'âme n'adhère pas à la beauté, elle la subit. Mais, subjuguée dans le ravissement de toutes ses facultés, elle ressemble au captif qu'un vainqueur emporterait du lieu de servitude vers une terre enchantée. L'âme, dans sa défaite, aspire les parfums avant-coureurs du triomphe.

Joies ignorées, que l'homme ne peut que balbutier, combien d'âmes d'artistes vous ont connues! Combien se sont reposées dans la contemplation religieuse du Beau!

Et ne soyons pas surpris de trouver la beauté si vivifiante pour l'homme. Dieu étant le principe de toute beauté, l'homme qui s'assied à l'ombre du Beau se place de lui-même sur le chemin de Dieu. De là, cette force et cette joie.

— D'où revient ce voyageur?

— De l'exil.

— J'ai cru qu'il souriait et qu'il allait chanter?

— C'est donc qu'il a posé le pied sur le sol natal.

VI

Voilà l'intelligence et la volonté soumises à cet ébranlement sublime, inséparable de la contemplation du Beau. Mais si nous avons pu dire l'intelligence une faculté inconsciente, il nous faut reconnaître dans la volonté le régulateur de nos actes. Celle-ci est la puissance modératrice, maîtresse d'elle-même, et qui sait où elle tend.

L'intelligence voit; la volonté juge. L'intelligence reçoit; la volonté approuve ou condamne le don qui est fait à l'esprit. L'intelligence mise en possession du Beau n'est plus soucieuse que de comprendre ce qu'elle voit — *comprehendere;* la volonté s'approche d'elle et la guide.

Mais, d'autre part, la volonté, n'a qu'un but qui est le Bien. C'est en lui que se repose notre faculté de vouloir. La volonté conduira donc l'intelligence vers son terme naturel, c'est-à-dire vers le Bien. Et si le Beau a été le principe du mouvement de nos facultés, le Bien en est la fin. Le Beau n'a fait que provoquer en nous des actes que notre volonté va produire dans le Bien. Car, Dieu lui a marqué de toute éternité cette voie utile et honorable.

Si la volonté manque au Bien, elle manque à sa mission, je dis plus, elle manque à sa puissance, car elle a reçu d'en haut de saintes énergies pour aimer le Bien, l'atteindre et le réaliser.

La douce vision de la beauté n'eût pas incessamment traversé notre nuit, si ce n'eût été pour entraîner plus fréquemment la volonté de l'homme vers le Bien. Dispensé de ce rôle magnifique, le Beau ne produirait sur nous que la satisfaction tranquille qui découle du vrai.

Le vrai porte avec lui des joies profondes. Mais il est semblable à la pierre de jaspe ou de porphyre habilement polie : on l'admire, on la touche sans qu'aucune chaleur s'en échappe. Le vrai se mesure. On le dissèque, on l'analyse.

Le Beau resplendit. Quel lieu tient-il dans l'espace ? Demandez plutôt quel est le poids de la lumière, quelle est l'étendue de la chaleur ? On vous répondra que la lumière est le flambeau de la nature, que la chaleur fait croître la fleur et germer l'épi. Mais ni la lumière ni la chaleur ne se mesurent par la main de l'homme. Tel est le Beau. C'est lui qui éclaire, et de même que le soleil a pour conséquence la germination des plantes, de même le Beau produit-il, par son irruption dans l'intelligence et dans la volonté, la réalisation du Bien.

Le principe du Bien gît au fond de l'âme comme le grain dans le sillon. Mais il faut à ce germe enfoui de fréquents appels du dehors, appels mystérieux qui feront de l'humble graine un arbre robuste. C'est le Beau qui est la lumière et la chaleur que Dieu met en contact avec l'intelligence afin que le Bien ne demeure pas inerte et stérile sous la glèbe d'une volonté sans vigueur.

Le Bien est donc tout ensemble la raison et le terme du Beau. Celui-ci n'est qu'un brillant levier dont Dieu se sert pour soulever l'âme humaine, et faire qu'elle gravite sans cesse autour du Bien.

Si le Bien n'existait pas, le Beau, qui en est le prélude, disparaîtrait du monde créé.

Il nous faut donc conclure que le Beau restant inséparable du Bien, l'art, qui est la manifestation du Beau, est tenu de produire dans le Bien.

Son principe et sa fin l'obligent à ne pas méconnaître cette vérité.

La mission de l'artiste, envisagée de ces hauteurs, est une chose sacrée.

L'artiste en comprendra la grandeur.

VII

Combien de fois n'ai-je pas entendu nos peintres et nos statuaires se plaindre de la rareté des modèles! Les temps de Sparte ne sont plus. Le gymnase où la jeunesse s'exerçait à la lutte est fermé. Avec lui, nous dit-on, disparut l'école des belles formes.

Mais non. Winkelmann, qui a parlé de toutes ces choses avec l'autorité du critique et du philosophe, me ramène aux principes par cette grande notion :

« La beauté suprême réside en Dieu. L'idée de la beauté humaine se perfectionne à raison de sa conformité et de son harmonie avec l'Auteur de la création. »

Silence au doute. Arrière les regrets stériles.

N'est-ce pas le lieu de rappeler aux artistes qu'ils seront puissants dans l'interprétation de la beauté s'ils savent porter en eux le type des vertus morales.

Nous avons parlé dans notre précédent écrit des vertus intellectuelles de l'artiste. Les vertus morales, dans lesquelles se résume plus spécialement ce que nous nommons « la vertu », lui sont indispensables.

Elles sont la condition du génie.

Sans doute, Pradier ne les connaîtra pas, et nous serons plus d'une fois surpris par l'habileté de sa main, mais Pradier s'entendra dire par Gustave Planche dans une page fameuse « qu'il manqua toujours du sens de la chasteté. » Mot terrible, qui, dans son laconisme, inflige à l'auteur de *Léda* le second rang parmi les maîtres d'un siècle que l'histoire, assurément, n'osera taxer de rigorisme.

Nul ne peut se dérober à la logique.

C'est en vain que vous prétendrez à l'honneur de parler une langue divine, si le divin vous est étranger. Notre nature, taillée, il est vrai, aux proportions de l'infini, ne jouit pas d'une telle ressource qu'elle puisse se tromper sur elle-même.

Le génie de l'homme a été fait solidaire de sa vie.

Quiconque veut être grand dans ses œuvres devra l'être dans ses pensées. Et quel est l'artiste qui n'ait de hautes ambitions? quel est le statuaire vraiment digne de sa vocation qui ne se sente épris d'infini?

Combien d'œuvres sans tache, combien de marbres achevés, combien de statues où le terrestre n'avait point de place n'ont pas hanté les rêves du sculpteur! Eh bien, qu'il soit à lui-même son modèle. Que la vertu, loin d'être une chose de spéculation, bonne à certains jours, ait jeté son empreinte sur l'âme de l'artiste, comme lui-même inflige à la terre qu'il veut modeler l'empreinte d'une main résolue.

Qu'il soit sous son propre regard un praticien d'honneur, d'idéal, de patriotisme, de désintéressement. Qu'il s'écrie à toute heure avec le poëte du *Psaume de Combat :*

> J'ignore quels écueils m'attendent dans la vie,
> Si mes noirs assaillants sont rares ou nombreux;
> Mais j'ai vu par delà! L'idéal me convie :
> Je ne sais si je puis, mais je sens que je veux.

Celui-là sera grand qu'un tel phare maintiendra dans le sentier de l'inspiration.

Et, parce que l'homme de bien produit naturellement des actes bons, l'artiste honnête, vertueux, convaincra ses contemporains de sa haute mission. Peut-être sera-ce à leur insu. Qu'importe ? Ayez foi. Il ne saurait survivre quelque chose de révolté, d'invaincu chez un peuple dont vous aurez exalté l'imagination par des œuvres puissantes et toujours chastes ! D'autre part, n'aurez-vous pas fait l'intelligence populaire plus lumineuse sans l'entraîner hors du vrai ? A la volonté, n'aurez-vous pas imprimé une énergie plus grande en plaçant devant elle des exemples de vertu ? Est-ce que la mémoire des hommes de votre génération ne sera pas constamment remuée par les souvenirs de gloire auxquels vous aurez donné la mesure de votre génie ? Que parlé-je de souvenirs ? C'est trop peu. Les grandes figures du passé, quand on les fait aimer, deviennent le peuple de l'avenir. Puis-je voir le chancelier de l'Hospital, Corneille, Puget, Le Poussin, sans espérer que ces fiers citoyens vont revivre dans la politique, chez les poëtes, les statuaires et les peintres de la génération qui se lève? Vous serez donc dans votre vie, l'exemple, et par vos œuvres, la leçon d'une société dans laquelle humbles et puissants viendront chercher auprès de vous le mot d'ordre et la lumière.

Que le peuple docile, dompté par le prestige du nom, se fasse le complice de votre influence, ou qu'ignorant de votre génie, vous le sentiez indifférent, ayez la force de n'en tirer nul souci.

Quand une armée met le pied sur la terre ennemie, qu'a-t-elle besoin d'une soumission volontaire ?

N'a-t-elle pas ses chefs, sa valeur, son plan de campagne? Elle sait qu'elle vaincra.

Vous aurez de même vos journées. Le peuple peut s'endormir encore pour une nuit dans ses joies fausses et sans noblesse; si vous êtes assez fort pour remuer en lui toutes les hautes passions, il est votre disciple inconscient. Vous êtes son maître.

VIII

Courage donc! Ne songez pas à ce bien secondaire que les anciens appelaient le bien utile, *bonum utile.* Le bien utile n'est pas autre chose qu'un moyen, et le Beau qui se limite à ces étroites proportions produit l'art utile. Sans doute, on ne saurait blâmer d'une manière absolue l'art utile, bien que son nom soit synonyme d'amoindrissement; mais le plus grand écueil de l'art utile n'est-il pas de dégénérer en un art vénal?

L'art vénal! c'est-à-dire ce qui se vend, ce qu'on achète; l'art qui se paye, l'art en vogue que recherchent seuls les gens vulgaires.

Androtion n'a-t-il pas attiré sur lui les foudres de Démosthènes pour avoir sacrifié à l'art vénal?

Des couronnes d'or, expression de la reconnaissance des alliés, avaient été décernées à Athènes. Androtion crut qu'il lui était permis de les fondre et d'en faire des coupes. Démosthènes monte à la tribune :

« Androtion, s'écrie-t-il, en s'adressant au peuple, Androtion vous a ravi les monuments de votre gloire, il les a remplacés par des témoignages d'opulence, témoignages mesquins, indignes de vous. Il n'a pas vu que jamais le peuple n'a fait le moindre effort pour s'enrichir, mais qu'à la poursuite de la gloire il s'est montré plus ardent qu'en aucune autre entreprise. De là ces richesses immortelles qu'il a sauvées de ses désastres, la mémoire de ses actions, la beauté des monuments qui en consacrent le souvenir, les Propylées, le Parthénon, les Portiques, les Chantiers et non deux chétives amphores, ni trois ou quatre misérables vases d'or, que tu peux faire refondre, Androtion, quand il te plaira! »[1]

Vous ne voudrez pas davantage vous arrêter au second degré dans l'art où se rencontre le bien délectable, *bonum delectabile*.

Supérieur au bien utile, le bien délectable qui ne doit pas être un principe, mais une conséquence, conduit fatalement à l'art sensuel. Ce qui flatte, ce qui passionne notre nature par ses côtés déchus est indigne d'occuper l'artiste.

D'un coup d'aile, il saura tendre au bien honnête, *bonum honestum*. C'est là qu'est le sommet où il doit se complaire, s'il veut élever. Là sont pour lui l'honneur, le devoir, la vertu. Et par un retour nécessaire, l'art qui sera basé sur le bien honnête redeviendra sans péril l'art utile et l'art délectable. N'est-il pas utile, je le demande, qu'un peuple apprenne à respecter le génie, ce qui, pour lui, est le plus sûr moyen de le comprendre! Et, bientôt, les maîtres rajeunis, retrempés dans des inspirations de haut souffle, trouveront délectable d'y reposer leurs âmes et d'en vivre.

Or, si nos artistes savent apprécier la sainteté de l'art,

[1] Κατὰ Τιμοκρατ.

qui, afin d'être plus sûrement l'interprète du Beau, ne le comprend pas séparé du Bien, mieux encore ils apprécieront son abaissement et ses hontes lorsqu'on renverse les termes.

IX

O pétrisseur de bronze, ô mouleurs de pensées,
Considère combien les hommes sont petits....

Ainsi écrivait l'un de nos poëtes à un statuaire de ce siècle. Il éveillait d'un mot l'idée de responsabilité.

Ouvrons l'histoire.

Sans remonter plus haut, que dire de l'art du dix-huitième siècle en France? On répète en vain que ce fut un art personnel, national même. Cela n'est pas.

La nation française n'est point représentée dans les toiles de Boucher, de Lancret ou de Watteau.

Nous sommes de plus haute taille.

Mais la société d'alors était corrompue. Les boudoirs avaient remplacé les salons du grand siècle. On allait chez la Duthé comme autrefois chez madame de Longueville. Et l'art, oublieux de sa responsabilité, ignorant, dans ses maîtres, des principes que nous venons d'exposer, n'exerça qu'une influence néfaste. Il fit plus étendue la popularité de mœurs abaissées. Non, ce ne fut pas même un art personnel; pour être personnel il ne faut relever que de soi. L'art du dix-huitième siècle releva de la cour et des ruelles. L'art n'est pas un valet. Ce n'est point sans raison que l'on dit « les maîtres » pour désigner les hommes qui tiennent un pinceau. Que sont donc ces hommes qui obéissent à la mode et à la corruption de tout un siècle?

Ils ont convenablement décoré, j'y consens, les chambranles des joyeuses demeures des philosophes, des princes et des actrices; mais j'entends sonner 89, et le peuple, effaré devant le châtiment, va se recueillir. Qu'il songe à ses loisirs de la veille. Ah! les ruines qui s'amoncellent ont été préparées de longue main! C'est en vain que la France interroge l'œuvre de ses artistes, elle n'y découvre pas une seule page qui contienne le moindre ferment d'éducation!

Au témoignage de l'histoire dans le passé correspond le spectacle de la vie publique dans le présent. Ce siècle a vu se lever en 1830 des hommes au fier génie qui travaillaient non pour le marché, mais pour la nation. Ils s'appelaient Delacroix, Ingres, Scheffer, Delaroche, David d'Angers, Rude, Duret.

Tous sont morts.

Je vois bien leurs disciples, mais les ateliers de ces légataires du génie ne sont plus hantés par de jeunes hommes avides de s'instruire des traditions. Si j'excepte les vieux maîtres, je suis conduit à dire que la vogue est aux œuvres faciles, élégantes, d'un convenable placement. On les fait petites, présumant bien que le grand jour leur serait fatal et qu'il les faudra cacher dans quelque réduit. Où donc, parmi les hommes qui se lèvent, un second *Départ des Volontaires*, où donc un *Fronton du Panthéon*, où donc les *Femmes Souliotes*, où donc *l'Hémicycle?*

Il y a des retraites qui sont des désertions.

Notre école contemporaine s'est désintéressée de la nation, et celle-ci s'en est allée à l'industrie, au trafic, sans que l'art et ses fêtes aient eu le pouvoir de la ramener à ces luttes intellectuelles d'il y a cinquante ans.

Or, l'avenir est là. Il nous coudoie. Ce jeune homme qui va prendre son rang dans le milieu social, c'est le député de demain. Élevé dans une atmosphère où l'art n'eut point de place, il ne songera pas que la peinture ou la statuaire puissent être de quelque secours dans le gouvernement d'un peuple.

Ceux-là sont les artistes, ceux-là sont les maîtres et les guides de leur pays, dont l'atelier est orienté de telle sorte qu'ils puissent jeter un regard sur la place publique. Ce n'est point au peuple de dominer l'artiste, mais celui-ci n'a pas le pouvoir d'oublier le peuple. Dieu lui a mis dans les mains un rayon de lumière. Qu'il comprenne sa tâche, qu'il se place généreusement sur le chemin du peuple et qu'il marche !

X

C'est bien. Vous avez entrevu les devoirs du maître. Le but marqué à votre génie, si haut qu'il soit, vous attire. Monter ne vous effraye pas. Vous voulez être grand, ce n'est pas assez, vous voulez être utile à votre pays, utile à la cause des idées.

Fier de vous sentir dans un corps d'élite, vous me demandez comment vous y maintenir avec honneur.

J'aime cette inquiétude du lendemain. Les hommes d'énergie ne permettent pas au lendemain d'être une surprise ou une déchéance. Ils se préoccupent d'en faire un progrès. Vous êtes de ceux-là. Vous vous êtes dit : « Je suis un soldat. Mais, à la différence de l'homme qui combat avec l'épée, moi, je n'ai pas de chef qui me conseille, pas de camarades qui m'entourent. Je sais que nous luttons nombreux et je ne vois personne sur le champ de lutte. Où frapper? Quel témoignage invoquer de mes triomphes de la veille? Comment assurer la marche du jour? »

— Vous n'êtes pas seul puisque vous avez d'une part votre génie, et devant vous les sources de l'inspiration.

Quelles sont ces sources?

XI

C'est d'abord la nature. C'est le monde créé. Personne n'a le droit de se priver des inspirations de cet ordre. C'est de la nature que nous vient l'appel sensible du Beau.

La nature est vêtue de beauté.

Dieu lui a donné ce manteau magnifique que nous appelons la lumière extérieure, l'ombre, les couleurs. Et si nous interrogeons le monde créé dans son chef-d'œuvre qui est l'homme, quel vêtement que la jeunesse! Combien sont ravissantes les formes du jeune homme. Quelle pureté, quelle harmonie resplendit dans ce corps d'éphèbe où « toutes les parties doivent être et ne pas paraître » selon le mot ingénieux de Winkelmann. En effet, ce quelque chose d'inachevé qui caractérise le jeune homme dans son corps, ajoute à la beauté.

N'y a-t-il pas jusqu'à la blancheur de notre race qui ne repose l'œil de l'artiste? Platon proclamait enfants des dieux les jeunes gens que la nature avait doués d'une peau blanche!

Que dire de l'attitude, du geste, de l'expression, autant de modes différents sous lesquels le corps humain se laisse percevoir par les sens? On nous objecterait en vain que ces situations diverses de la personne humaine sont avant tout le verbe d'une pensée sortie de l'âme, et qu'il faut se bien garder de s'arrêter à l'enveloppe qui est le corps. Nous répondrions que le Beau ne saurait exister dans l'art s'il n'y a équation entre l'idée qui jaillit de l'âme et la noblesse des formes qui la revêtent.

Les maîtres le savent bien. Aussi trouvent-ils dans leur cœur je ne sais quoi de surnaturel et de vivant, pour le jeter sur les yeux du vieil Homère, sur Ésope et Tyrtée, afin de nous montrer ces immortels infirmes transfigurés !

La nature est le premier échelon du génie. Elle est la source à portée de nos sens. Nous la voyons. Nous la pouvons tenir dans notre main. Celui qui refuse de croire à ses enseignements ne parlera jamais la langue universelle de l'humanité.

Mais, pour être la base indispensable de l'œuvre d'art, la nature ne doit pas être considérée comme le terme de l'inspiration.

Au-dessus de la nature sensible, l'artiste est aux prises avec sa propre intelligence. Selon qu'il a su rendre vivante et lumineuse en lui la sphère de l'idéal, il se sent à l'aise avec ses pensées. De leur souffle généreux elles le soulèvent pendant ses heures de création. Sa lecture intérieure est rendue féconde par l'ordre qu'il a su mettre dans ses études, dans ses aspirations, dans son génie. Ce sont comme des ailes vaillantes qui le soutiennent. Il lui semble qu'un monde inconnu se révèle à lui. Une loi, qui n'a rien de la terre, l'entraîne vers un centre de gravité qui toujours le fuit dans des hauteurs inaccessibles.

Ascension magnifique dont les limites demeurent ignorées.

Mais ce n'est pas assez de l'idéal, il faut à l'artiste la pénétration du divin.

Signatum est super nos, lumen vultus tui, Domine. Cet artiste, ô Seigneur, qui tout à l'heure étudiait un reflet de votre beauté dans la nature créée; ce statuaire qui s'est recueilli devant sa pensée, qui vous a cherché parce que vous êtes la fin de toutes choses, où va-t-il?

Il monte.

C'est vous qui l'emportez.

Son front s'est éclairé d'un rayon de votre visage. Il pense, il aime, il implore et il voit. Plus il était grand parmi nous dans la société, dans la famille, dans le sanctuaire intime de son cœur, et plus vous l'élevez dans l'infini! Moins il eût de la terre et plus il reçoit du ciel. C'est vous qui lui donnez de contempler ce que nos yeux n'ont pas vu. C'est vous qui centuplez sa force et faites sa joie sans rivages. Et quand il va redescendre jusqu'au bloc de marbre qui l'attend, comme il portera la tête haute, l'œil résolu, la main ferme! Son œuvre sera le verbe des pensées qu'il tiendra de vous. Grande aux yeux des hommes, sa statue les élèvera vers l'incréé, parce que l'artiste y aura fixé quelques traits de votre image!

XII

Donc, pour qu'une œuvre soit parfaite, il faut que nous trouvions en elle un reflet de ces trois beautés : la nature, l'idéal et le divin.

A quoi bon?

Le dernier terme étant supérieur aux deux autres,

qu'ai-je besoin de m'occuper des qualités secondaires de mon travail? Où le divin se nommera, qu'importe que l'on trouve la trace de l'idéal et du terrestre? La nature n'est que l'escabeau. Si j'habite les sphères de la pensée, si je monte plus haut encore, je ne veux rien de caduc et de limité dans mon œuvre.

Vous ne voulez pas de la nature et vous prétendez à l'interprétation de la beauté! Dieu n'a pas eu cette puissance. Il a résumé la beauté dans l'exemplaire de sa personne qui est l'homme. Reprenant son œuvre, ne cherchez pas d'autre route. Quoi donc? Ne suis-je pas doué de sens et ne faut-il pas à mon regard une beauté sensible? Où sera le véhicule de votre pensée si vous rejetez la nature? Où sera l'équation? Où sera l'unité? Où les limites sûres et clairement définies de votre inspiration?

Au-dessus de la beauté sensible, la beauté morale et intelligible qui se dégage de votre œuvre se présente à l'œil de ma pensée. Elle converse avec mon esprit. Mon intelligence saisie par cette force invisible se sent transportée dans les régions élevées de la vérité, du bien, de la vertu.

Et s'il arrivait que mon âme demeurât sans passion devant le travail de vos mains, c'est donc que vous n'y auriez pas mis l'aliment de cette étrangère qui se nourrit d'immortalité? En vain, vous aurez flatté mon regard, remué ma pensée, j'attends que quelque rayon de l'éternelle beauté soit descendu jusqu'à vous. Je cherche si votre âme d'artiste s'est éclairée de Dieu, si votre main, si votre ciseau, ont su ravir quelque étincelle de ce feu qui donne le rayonnement aux œuvres de l'homme.

Nous vivons dans trois mondes.

Une triple respiration marque chacun de nos instants. Le monde sensible, le monde des idées, le monde surnaturel nous enveloppent et réclament en nous leur hôte.

Nous sommes citoyens de ces trois patries.

Or, toute action pour être efficace doit être proportionnée à son objet. Si telle est notre nature que plusieurs vies simultanées se confondent en nous sans se détruire, l'artiste qui comprend son rôle d'éducateur devra suivre l'homme dans les trois sphères ou Dieu lui commande d'habiter.

Il n'y a pas de vie sans qu'il y ait un besoin, un appétit, une aspiration.

Vous ne serez donc « un maître » que si vous répondez par vos œuvres à ces interrogations multiples qui sont comme la plainte douloureuse de notre nature complexe.

L'homme veut qu'on lui parle en trois langues.

Tous les atomes de beauté que votre main d'artiste pourra saisir dans le monde créé, dans les régions de l'idéal, dans les sphères de Dieu, devront être fondus ensemble et former une même œuvre. De tous ces rayons vous ferez un prisme, et seulement alors je me laisserai vaincre par vous. Je m'avouerai votre disciple. Vous serez ma force. Votre génie fera jaillir en moi les hauts instincts précurseurs de la vertu. Je vous proclamerai le dispensateur terrestre de tous biens, parce que mon âme se sera désaltérée près de vous à toutes les sources qu'une main d'homme ait la puissance d'ouvrir.

Un docteur de l'Église a divinement parlé de cette soif de l'âme. Artiste, il a traité, mieux encore que Platon, le thème inépuisable de la Beauté. Je l'entends, c'est saint Augustin ; ne dirait-on pas un statuaire en face de son rêve ?

« Je cherchais, dit-il, et voulais savoir sur quel modèle on juge de la beauté des corps, et je trouvais au-dessus de mon âme et de mes pensées, mobiles elles-mêmes, une lumière immuable, une éternelle vérité. Je montais de mes sens à l'âme qui sent par eux. J'allais à cette puissance intérieure à qui les sens apportent ce qu'ils apprennent, au point où s'arrête l'animal.

« J'allais encore, et j'arrivais à la raison, juge de ce que donnent les sens. Mais ma raison, se voyant elle-même, se vit mobile, et par cette vue s'éleva dans un lieu supérieur où elle se comprit.

« Alors, quittant le sommeil de l'habitude, et le tumulte des fantômes, pour trouver la lumière qui lui fait sa splendeur, elle s'écria : « L'immuable est au-dessus de ce qui change. »

« Ainsi ai-je compris, ainsi ai-je vu l'invisible à travers les choses que Dieu fait. Mais je ne pus fixer longtemps mon regard dans cette contemplation. Retombé sur ma propre faiblesse, rendu à l'habitude, je n'emportai de ce commerce d'un instant qu'une mémoire amoureuse, le regret et le souvenir des parfums de ce qui avait été pour mon âme un céleste aliment[1]. »

Telle est la torture de l'âme humaine à la recherche du Beau. Telle doit être la torture de l'artiste.

N'est-il pas le chantre, l'interprète de la beauté de Dieu? Ce que nous voyons hors de lui, n'est pas autre chose que la gloire et l'éclat de sa face, *lumen vultus tui*. Exprimant cette vérité dans sa langue philosophique, saint Augustin dit encore : « Ces beautés que vous faites passer, ô mon Dieu, de l'esprit de l'artiste dans ses doigts

[1] *Confessions*, liv. VII, chap. XVII, 23.

créateurs procèdent de l'éternelle Beauté, souveraine des âmes, vers laquelle je soupire nuit et jour [1]. »

XIII

C'est assez parler des principes : descendons à l'application.

Un maître, dirons-nous, est celui qui sait vivre de ces trois vies : sensible, idéale et divine.

L'arbre donne sa séve. Ainsi de l'homme. Vivant d'une triple existence, trois signatures seront visibles sur son travail.

Je l'accompagne dans son atelier. Il a l'habitude de l'art, et cependant il tremble, dit le Dante :

> Ch' ha l'habito dell' arte e man che trema [2].

C'est que la triple vision qui l'a remué dans son être est déjà loin de lui ! A peine quelques linéaments de beauté sont là sous ses yeux, dans un modèle sensible, mais l'idéal, mais le divin, qui les peut ranimer? L'image aérienne, impalpable, mystérieuse s'est envolée.

Combien de luttes pour ressaisir le meilleur de son œuvre !

L'artiste a parfois l'œil baissé. Son front se ride, ses lèvres se ferment.

Il médite.

Mais le voilà qui s'agite sans violence. Son visage est redevenu souriant, ses doigts agiles façonnent la terre ou tiennent le pinceau. La vision céleste est revenue ! Alors

[1] *Confessions*, liv. x, chap. xxxiv, 12.
[2] *Paradis*, chap. XIII.

Angelico tombe à genoux devant la Vierge qu'il va tracer sur le mur de son cloître, Michel-Ange mesure la Sixtine et craint qu'elle ne suffise pas à contenir ses Damnés!

On raconte qu'un grand sculpteur des temps modernes avait taillé le corps du Christ dans un bloc de pierre. Mais le statuaire, oublieux de l'idéal et du divin, n'avait fait qu'un vulgaire supplicié du Dieu du Calvaire. Comme il dormait un soir auprès de sa statue, il vit en songe un ange qui la mutilait.

L'artiste s'éveille. Il comprend le reproche.

Reprenant alors, l'œil en haut, la figure de Jésus-Christ, il en fit une œuvre vivante et transfigurée.

Ils sont rares les artistes puissants dont les artères sentent battre ainsi toutes les pulsations de la vie.

Trois écoles, trois tronçons. Le souffle de la vision d'Ézéchiel passera-t-il bientôt sur ces débris?

L'école réaliste s'arrête à la nature sensible.

L'école idéaliste fait la part trop exclusive à l'imagination.

L'école mystique ne veut pas prendre terre.

Trois sœurs auxquelles il manque quelque chose et qui devraient former un seul groupe.

D'où viendra le salut? Quelle sera l'école libératrice?

Aucune, mais toutes les trois ensemble.

> . . . . ℣. Que dire des partis?
> Lorsque nous étions grands ils nous ont faits petits.

Cet anathème plein de justesse, porté sur la politique, se peut appliquer à l'art.

Des partis, pas de nation!

Des écoles, des coteries peut-être et nulle part l'École. Nulle part cette patrie des intelligences, cette république des « mouleurs de pensées » serrés autour du maître!

Comptez-les tous. Les plus grands n'ont pas même de disciples. Et, ceux qui, plus heureux, dispensent l'enseignement ne parviennent pas à retenir auprès d'eux les jeunes maîtres de demain. Partout des hommes de talent, personne qui s'impose.

Ils travaillent et ils s'usent.

Ce siècle penche vers sa fin, et l'historien d'art en présence de tant de forces dispersées, cherche où est l'armée, où sont les chefs. Quel est le but, dites-moi, vers lequel tendent aujourd'hui toutes ces mains enfiévrées qui tiennent un ciseau?

La dispersion n'est que le prélude de l'antagonisme.

Divisés, les hommes deviennent injustes. Sans grandeur, sans générosité, l'esprit ne conserve pas même la claire notion de ses propres intérêts.

Voilà pourquoi, renfermés dans un isolement funeste, les artistes de notre temps vont jusqu'à se tromper eux-mêmes sur la valeur d'un outil ou d'un peu de matière.

Pauvres chercheurs de vérité, à quelque groupe qu'ils appartiennent!

La vérité n'est pas ailleurs que dans l'union du naturel, du poétique et du divin. Si vous ne savez pas recourir du même coup à ces trois sources, vous ne serez pas excusable d'user de subterfuge pour rendre à vos œuvres ce que nul artifice ne saurait leur donner.

L'outil du sculpteur, c'est sa main.

Je ne parle pas des moyens moraux et intellectuels qui feront ses doigts dociles. J'ai dit précédemment quelle place dans l'éducation de l'artiste doit être faite à l'étude, au recueillement, à la vertu. Je ne veux voir ici que l'instrument matériel de son art : La main.

XIV

Plutarque, en parlant des Spartiates, fait observer qu'ils étaient vêtus d'une simple tunique. Ce fut avec la décadence et la corruption que ces fils dégénérés de Lycurgue connurent les étoffes de prix.

Plus l'homme s'élève dans la vertu, plus la simplicité lui est familière.

L'inspiration est une vertu.

Si l'artiste est vraiment inspiré, s'il cède à l'élan de sa pensée vers le Beau, qu'a-t-il besoin, pour créer, de ces auxiliaires inventés par les habiles ?

N'a-t-il pas sa main?

L'argile est la matière qu'il doit pétrir. Il n'usera pas impunément d'intermédiaires entre l'argile et ses doigts instruits des belles formes. Ne sentez-vous pas que s'il se fie trop souvent à l'ivoire, au buis de l'ébauchoir, il établit une solution de continuité fâcheuse entre l'œuvre et l'ouvrier ? Il y a place pour un courant glacial qui va refroidir ce bloc qu'il eût fait palpiter. Les détails, sans nul doute, seront de contours plus finis, et l'analyseur se dira content, mais la vie, mais le mouvement, mais la vérité, où sont-ils ?

Tous ces caractères des grandes œuvres réclamaient une empreinte immédiate et prolongée des doigts de l'homme sur l'argile.

J'ai dit une empreinte prolongée.

« Les artistes anciens, écrit Winkelmann, se servaient des doigts et particulièrement des ongles pour imprimer plus de sentiment à l'ouvrage. C'est de ces touches fines dont parle Polyclète, lorsqu'il dit que la plus grande difficulté dans l'exécution d'une œuvre modelée se manifeste *alors que la terre se niche sous les ongles,* Ὅταν εἰς ὀνύχα ὁ πῖλος αφῆχιθαι.. »

Ce même Grec, qui composa de ses mains une statue tellement parfaite de proportions, que ses contemporains la prirent pour règle de leurs œuvres, est encore, on le voit, l'auteur d'une maxime dont nos artistes doivent faire leur profit.

Ce sera pour eux le *canon de Polyclète.*

XV

Est-ce donc que le travail de l'argile soit négligé de notre temps ?

Oui.

Vous entendrez dire tous les jours dans les ateliers : « L'argile, c'est l'ébauche. »

Qu'est-ce cela ?

Lorsque vous avez une pensée, est-ce à vos yeux chose si commune ou si aisée à ressaisir qu'il vous suffise de l'indiquer ? Votre *ébauche,* passant chez le praticien pour ne revenir entre vos mains qu'après de longs mois, êtes-vous certain que l'inspiration redescendra sur vous si lumineuse qu'elle guide sûrement votre ciseau dans l'achèvement du marbre ? N'y comptez pas.

Il ne faut point tenter Dieu.

Ad unguem factus homo, dit Horace, et l'exemple des maîtres pourrait être utilement cité à l'appui de mes paroles. Il faut au praticien qui taillera froidement la pierre, un compas à la main, des modèles où il n'y ait rien à reprendre. Depuis quand l'orateur croit-il suffisant de jeter quelques mots incorrects au sténographe qui recueille son discours? Ne lui dites pas que la foule est indulgente, que sa parole écrite revivra dans un travail de refonte. Il ne vous croirait pas. *Deus, ecce Deus*. Le dieu de l'éloquence l'a visité.

Sait-il si l'inspirateur reviendra?

Il lui demandera donc, sans tarder, la puissance, la persuasion, la grâce, afin que dès la première heure, sa parole n'encoure aucun reproche. Vienne après cela le copiste machinal. Il ne pourra moins faire que de reproduire ces exclamations haletantes, cette parole brisée, ces cris de l'âme qui portent, dans leurs plis profondément creusés, le cachet de l'orateur. *Ad unguem factus homo*. Tout est de l'homme dans cette œuvre, et d'un homme possédé du divin.

Or, si je compare l'orateur au sculpteur, ce n'est point sans raison. De même que l'orateur jette son plaidoyer, le statuaire apporte son bloc d'argile devant la foule.

La parole deviendra livre; l'argile sera marbre.

Mais c'est l'argile, — ou le plâtre qui en est l'image, — que nous voyons le plus souvent dans nos expositions publiques. Et remarquez en passant où conduit la différence des procédés.

Un homme parle, on le fait grand. Un statuaire lui succède, on dit de toutes parts : « Attendons le marbre. » On ne disait pas devant l'orateur : « Attendons le livre. »

« Oui, attendons le marbre! L'usage est de faire vite. Je vois bien ici une figure, un groupe, un bas-relief. Les grandes lignes m'apparaissent suffisamment indiquées. Mais ce n'est là qu'une ébauche. Le marbre décidera de tout. L'artiste est de son temps. Il sait qu'on ne doit pas travailler l'argile. On y fixe une pensée. L'argile est le carnet du sculpteur. Une note : rien de plus. Le statuaire a dit à l'inspiration « ajournons notre rencontre. »

Le public répond : « faisons de même; ajournons l'éloge. Attendons le marbre. »

Voilà pourtant où conduit ce travail sommaire de l'argile! La critique est instruite des coutumes. Elle attendra.

Et comme la plupart des artistes ne parviennent pas à cette conquête du marbre *officiel,* la plupart aussi ne sont pas jugés sans restrictions dans leurs œuvres.

Pas d'outils. La main. Pas de nonchalance ou de calcul. Modelez l'argile comme Polyclète.

XVI

Nous avons parlé de l'argile, parlons du marbre. Après le conseil utile au grand nombre, l'étude raisonnée qui s'adresse aux privilégiés.

Les privilégiés! Pourquoi? C'est qu'ils sont rares les artistes que l'indépendance fait libres de choisir la matière définitive d'une œuvre sculptée.

L'argile est une matière transitoire.

Si nous avions le sens artiste plus développé, nous ferions sûrement plus de cas de la *terre cuite*. Durable, et d'un aspect qui n'a rien de mat, l'argile devenue *terre cuite,* porte un caractère personnel que n'aura point une matière plus précieuse.

La *terre cuite* est une perpétuelle signature.

Je lis le nom du sculpteur partout où sa main s'est posée.

La terre est l'œuvre vierge.

Son créateur seul l'a touchée. Lui seul a caressé de son ongle ces longs cils, ce cou délicat, ces cheveux abondants et soyeux. Lui seul a creusé de son doigt ce front plein de pensées, ces joues ridées, cet œil ferme où luit un regard de génie.

Sous sa forme rugueuse, qui n'est pas une imperfection, la *terre cuite* est plus lisible que la pierre, pour un œil d'artiste. Elle est l'autographe d'hier, tandis que le marbre devient souvent l'incunable.

Le comte de Caylus dit avoir trouvé dans l'île de Chypre de très-nombreuses figures en *terre cuite* modelées par les Égyptiens. Toutes sont recouvertes d'une couche d'émail ou de vernis, qui atteste que ces figures ont eu le caractère d'œuvres achevées et non de simples ébauches.

Quoi qu'il en soit, de nos jours, la *terre cuite* n'est pas recherchée du public. Les artistes et quelques collectionneurs la préfèrent au marbre ou à toute autre matière, mais ce sont caprices de connaisseurs auxquels la foule ne veut rien entendre.

Il ne faut pas l'en blâmer.

L'obstacle est le creuset. L'argile, trop maniable, ne doit pas suffire à la main nerveuse de l'artiste.

XVII

La cire a la souplesse de l'argile lorsqu'on la soumet à une chaleur douce. Exposée au froid, elle se durcit sans rien perdre de ses proportions. C'est un progrès. L'argile, on le sait, perd un septième à la cuisson.

L'emploi de la cire est très-répandu dans les ateliers pour les figures que l'artiste désire conserver. Au temps de Rome, on modelait en cire l'image des ancêtres. Et les patriciens gardaient avec orgueil dans l'*atrium*, en compagnie des dieux lares, le portrait de leurs aïeux.

Pline va jusqu'à dire, à propos de ces trophées, qu'ils étaient aux yeux de tous tellement sacrés, qu'un nouveau propriétaire n'avait pas le droit de les enlever. « Quoique changeant de maître, les maisons étaient toujours glorieuses. Ces grandes figures qui faisaient cortége au possesseur étranger, s'il était sans vertu, lui devenaient un continuel reproche ! [1] »

La cire sied aux statues domestiques. Elle sera, si vous le voulez, la matière préférée pour une œuvre intime et de petite dimension. Elle ne peut être d'un usage fréquent.

XVIII

Quelle est donc la matière par excellence ? Dans quel bloc le statuaire fixera-t-il pour jamais sa pensée ?

Dans le bois ?

Je sais que la *Diane d'Éphèse* était de cèdre ; qu'un *Ju-*

[1] Pline, liv. XXXV, chap. II.

piter romain fut taillé dans le cyprès, un *Hercule* dans l'érable, mais le bois nous reporte à l'enfance de l'art. Le bois, chez les Grecs, servait d'*âme* aux statues dont la tête était d'or ou d'ivoire. On le recouvrait d'étoffes précieuses, et ce sont ces figures primitives qui donnèrent naissance à la sculpture polychrome. Le bois convient à l'ornement. La statuaire n'en tire pas profit.

XIX

Le plâtre sert au sculpteur, mais il est comme l'argile une matière de transition. Toute figure en plâtre suppose un modèle qui l'a précédée, une œuvre qui la suivra. Le plâtre est utile.

XX

Le bronze!

Certes, la statuaire en bronze est digne qu'on l'admire. S'il faut en croire les livres de Pline, plus de trente mille statues de bronze seraient sorties des mains des Grecs! De son temps, Athènes en possédait trois mille. Delphes et Olympie n'étaient pas moins riches. Corinthe surpassait Athènes et Olympie et Delphes. Dès la plus haute antiquité, les Athéniens célébrèrent la fête des *Chalcées* ou des statuaires en bronze.

Les modernes n'ont pas connu cet art dans sa splendeur. Si l'on excepte Benvenuto Cellini, aucun sculpteur n'a connu l'art de fondre lui-même et de ciseler son œuvre. Il faut donc au statuaire en bronze la collaboration d'un praticien qui n'a rien de l'artiste. Et, voyez l'exigence misérable d'une telle situation! Ce n'est pas l'artiste qui le dernier caressera son œuvre. Il ne l'a pas fondue. Un autre va la ciseler.

Revienne le temps où des sculpteurs ne reculeront pas devant la science technique des alliages, de la fonte, de la ciselure, et la statuaire en bronze ne sera plus un coup de dé.

Jusque-là, pourquoi des cours spéciaux ne seraient-ils pas faits aux ouvriers fondeurs pour leur inculquer les grandes notions de l'art?

A l'ignorance des procédés s'ajoute le déplacement du praticien.

Le sculpteur succède à l'ouvrier dans le travail de la pierre. S'agit-il du bronze? L'ouvrier succède au sculpteur!

Ce n'est pas tout. Que sont devenues les trente mille statues grecques dont parle Pline? Cinquante, à grand'-peine, sont parvenues jusqu'à nous!

Le bronze est donc périssable, plus que la pierre, l'ivoire ou le marbre?

N'en doutez pas, le temps est son ennemi.

Si le temps le respecte, l'homme le mutilera.

Écoutons le poëte parler au statuaire de ses bronzes :

> Que si le hasard les abat,
> S'il les détrône de leur sphère,
> Du bronze auguste on ne peut faire
> Que des cloches pour la prière
> Ou des canons pour le combat.

Jules II avait exigé de Michel-Ange qu'il le représentât en bronze, une épée à la main. Le fougueux pontife fit ensuite placer son image au fronton de la cathédrale de

Bologne. Mais voilà qu'en 1511, la dynastie des Bentivoglio se révolte et rentre, malgré Jules II, en possession de son ancien domaine. La statue du pape est renversée. De ses débris on fabrique une pièce d'artillerie, appelée *la Giulia*, pour l'arsenal du duc de Ferrare. Le poëte qui adressait à David d'Angers les vers que nous venons de rappeler connaissait-il l'histoire de *la Giulia ?*

XXI

Faut-il parler de l'ivoire ? Il a sa place dans la sculpture chryséléphantine. Il complète l'or. Mais ni l'or, ni l'ivoire, ni l'argent ne peuvent être la matière unique ou généralement employée par le statuaire.

Il faut au rêve de l'artiste une matière immortelle et docile.

L'or n'est-il donc pas la matière immortelle entre toutes ? Non : l'or ou l'argent, façonnés par la main du statuaire, ne peuvent lui garantir la durée.

Le duc de Luynes, celui-là même qui fit sculpter dans l'ivoire et l'or, par Simart, une image de la *Minerve* du Parthénon, eut un jour la pensée de confier au ciseau de M. Bonnassieux la statue de Jeanne d'Arc. Il voulait que la figure de celle qu'il appelait la « sublime héroïne de la démocratie française » fût placée à Notre-Dame. Et afin que l'œuvre rappelât mieux les mérites de la noble fille, il avait fait choix d'un métal de prix : la statue devait être d'argent.

Mais, comme il s'ouvrait à l'artiste de toutes ces hautes et généreuses pensées, l'un et l'autre se turent tout à coup. Le souvenir du sac de l'Archevêché, en 1830, du sac des Tuileries, en 1848, avait traversé leur esprit.

On était alors en 1867.

Qui eût osé nommer la Commune ?

Or, comme ils rêvaient pour Jeanne d'Arc une image glorieuse qui pût défier les siècles, à l'abri des cupidités aveugles, le donateur et l'artiste, — deux Français, — renoncèrent au précieux métal.

Combien peu de statues d'or et d'argent, sculptées par les Grecs, nous sont connues!

L'or n'est donc pas, il s'en faut, entre les mains de l'artiste, la matière immortelle. Et cependant, l'artiste a besoin pour son œuvre d'un manteau d'immortalité. Nous l'avons dit, sa pensée, toujours supérieure, permet à ses doigts de parler une langue divine.

Le divin n'a rien de caduc. Le temps et lui sont deux étrangers qui se fuient.

Il faut en même temps à l'artiste une matière docile. Voyez! Qu'est-ce que la main qui tient le ciseau, si ce n'est une main d'homme ? C'est-à-dire quelque chose de faible, d'inhabile et d'incapable.

Et d'autre part, le génie, puissance immatérielle qui commande à la main, monte comme un aigle aux larges ailes dans les régions de l'infini. Impatient, capricieux, créateur, ce dieu qui ne connaît point d'entraves, redescend dans le cœur du statuaire, dont il précipite les battements. Et le cœur, et l'intelligence, et le génie, commandent à la main de se hâter. Ils ne lui pardonnent ni l'inexpérience, ni la fatigue. Elle est l'instrument, elle est l'outil. A la main de se mesurer avec une matière docile.

Son maître exige d'elle qu'elle façonne une œuvre parfaite, et le génie ne souffre point de retards.

Quelle sera donc la matière durable et docile ?

XXII

L'art du statuaire étant l'art le plus élevé, c'est Dieu qui lui fournira la matière. Alors que le peintre use d'une toile et de couleurs fabriquées de main d'homme, le statuaire trouve dans la nature une matière préparée. Longtemps, il a foulé le sol d'un pas indifférent. L'art ne s'imposait pas à son esprit. Mais, un jour, ce passant de la veille a prêté l'oreille à la vocation d'en haut. Il était artiste.

Creusant la terre, il a tiré de ses entrailles une matière lentement travaillée par Dieu dans le silence. Il a jeté sur elle le *fiat lux*, et ce trésor, réservé dans l'ombre depuis soixante siècles, va surgir à la pleine lumière.

Et la lumière, qui ne l'avait jamais vu, accourt saluer le marbre comme un frère.

Elle le caresse.

De ses rayons, elle lui tisse un vêtement impalpable et diaphane. Elle se joue autour de lui comme l'esclave aux pieds du maître. Elle a pour le marbre les attentions d'une mère. A chaque heure elle pose un diamant sur son front. Lumière de l'aube ou lumière du couchant, elle le fait vivre de son regard.

Ce n'est pas assez. Le marbre ne souffre point d'éclipse. Ainsi le veut la lumière. Deux charbons en contact, d'où jaillit l'étincelle électrique, une goutte d'huile, un peu de gaz, moins encore, quelques grammes de cire enflammée font palpiter le marbre.

En serait-il de même pour une toile, fût-elle signée de Rembrandt ?

Le marbre est le fiancé de la lumière.

XXIII

Le marbre doit être la matière préférée de l'artiste. Sa formation lente est un gage de durée. Il ne réclame aucune préparation. Le ciseau peut l'entamer sur le seuil même de la carrière. Ses gîtes sont innombrables.

Faut-il rappeler les carrières de Paros d'où nous sont venues la *Vénus de Médicis* et la *Vénus de Milo?* Celles du mont Pentèlès auxquelles nous devons le *Torse* du Belvédère ? Épuisées ou perdues pour nous, ces carrières ne peuvent éveiller nos regrets.

Sans parler de Carrare, qui nous envoie ses marbres depuis Jules César, nous avons en France peu de départements qui ne possèdent des carrières de marbre. Un petit nombre seulement sont exploitées. Celles du Languedoc et des Pyrénées, connues de temps immémorial, peuvent rivaliser avec celles de Carrare et de Paros. « Henri IV, dit Clarac, apportait tant de prix à l'exploitation des carrières de France, qu'il ne voulait pas qu'on eût recours à d'autres contrées pour les marbres dont on ornait les Tuileries, Fontainebleau et Saint-Germain-en-Laye. » La statue de *Henri IV enfant,* par Bosio, est en marbre français de Saint-Béat.

XXIV

Le marbre ne manquera jamais au statuaire. Que le statuaire ne défaille pas au marbre. Il y va de son art; il y va de lui-même.

Que faut-il en effet, pour qu'une œuvre d'art soit complète ?

Sans doute, il faut avant tout que l'artiste la revête d'un manteau d'âme. Il lui faut ce que les Grecs appelaient la *grâce*, c'est-à-dire un reflet de la divinité.

Mais d'autres attributs sont nécessaires à l'œuvre d'art.

L'œuvre d'art tend à la perfection; elle doit être l'image intégrale d'une pensée. Ennemie de toute fraction, l'œuvre d'art ne peut satisfaire si elle n'est conçue dans cette unité, je dirais dans cette totalité du beau relatif au sujet représenté.

L'harmonie, la mesure entre les diverses parties de l'œuvre, établit l'équilibre dans la beauté.

Enfin le rayonnement, c'est-à-dire la vie que donne seul le coup du maître, lorsque l'artiste a conquis un tel nom, appelle et retient le regard en même temps que l'esprit. C'est du rayonnement que les anciens ont dit *Quod placet*. Et, en effet, cet attribut dernier a la puissance de rendre tout enivrant, jusqu'à l'œuvre mauvaise dans son principe.

Perfection, harmonie, splendeur. Quel sera le meilleur auxiliaire de l'artiste dans la poursuite de ces trois beautés dont il rêve de parer sa statue?

Vous l'avez dit, c'est le marbre.

Le but des arts plastiques étant de *former* un corps d'homme, de souffler la vie dans l'argile, le statuaire interroge la nature et lui demande un allié, un auxiliaire de sa pensée.

Or, l'image intégrale de l'homme visible, l'image de sa chair et de son sang, qui la fera plus saisissable que le marbre? Lui seul a la densité du modèle humain sans dureté. Doux au toucher comme l'épiderme, moelleux et demi-transparent au regard, c'est le marbre qui, n'étant pas l'homme, donnera d'une manière plus parfaite l'illusion de l'homme. Il est l'exemplaire : *species*.

N'est-il pas évident que l'harmonie des parties — *consonantia* — leurs relations naturelles seront aussi plus grandes dans le marbre? L'or a quelque chose de fauve, l'argent est trop mat, le bronze appelle l'ombre, l'ivoire repousse la lumière par l'éclat de ses reliefs au détriment de ses parties rentrées. Seul, le marbre se laisse pénétrer sans rien perdre du calme de ses arêtes. Le marbre vit de sincérité.

Mais c'est surtout si je m'inquiète du rayonnement, que le marbre m'apparaît sans rival. De son commerce avec la lumière il résulte pour la figure humaine une clarté — *claritas* — une splendeur, et ce je ne sais quoi de fluide qui naît de la rencontre des rayons lumineux avec ses contours. Où commence l'œuvre? Où finit le rayon? A quel point de l'espace le terrestre et le divin se sont-ils rencontrés?

Nul ne le peut dire.

Vous regardez et vous vous sentez heureux. Cette union de la lumière et du marbre vous ravit. Tantôt c'est la statue qui semble grandir, tantôt les rayons d'en haut la ramènent à ses proportions premières. Mais, si longtemps que dure votre examen de l'œuvre taillée dans la matière préférée, toujours le marbre vous repose.

Toujours son éclat fait plus pure et plus harmonieuse la pensée du statuaire.

Que dis-je ? « Comme la blancheur, écrit Winkelmann, est de toutes les couleurs celle qui réfléchit le plus de rayons, il en résulte que le corps de l'homme augmente de beauté à raison de sa blancheur, et paraît plus grand qu'il ne l'est en effet. »

Le marbre, par sa couleur monochrome, est généreux. Il ajoute aux proportions, à la jeunesse, à la grâce, à la vie, au rayonnement.

XXV

Jeunes gens, — car c'est à vous que je pense en écrivant ces lignes, — vous aimerez à sculpter le marbre.

Vous voudrez choisir votre bloc avec soin : telle qualité convient à la statue d'un dieu, telle autre à l'image d'un héros ; celle-ci rendra mieux le caractère de l'enfant, une tête de jeune fille n'attend que votre ciseau pour sortir de cette pierre. Il y a là sujet à des recherches, à des comparaisons. Les maîtres, en cela comme en toutes choses, seront vos guides.

Mais, le bloc assujetti devant vous, ne le quittez plus. Ce n'est pas assez, aimez-le !

Aimez-le comme Pygmalion Galatée ; aimez-le comme Michel-Ange Santa-Maria Novella. Que le travail ne vous lasse jamais. Que la fatigue des muscles soit incapable de vous rebuter. Eh quoi! ce marbre qui va devenir une pensée, vous le confieriez à quelque autre! à un camarade, à un praticien, peut-être! Demandez à Dante qui l'a aidé dans son poëme.

Il vous répondra : Béatrix!

Béatrix! c'est-à-dire les amours chastes et grandes; Béatrix la transfigurée, l'invisible, mais non l'absente; Béatrix devenue l'amie de Dieu!

Et comment s'appellera de son nom la Béatrix de vos pensées? Qu'importe, pourvu qu'il soit synonyme de Vertu?

« Phidias, raconte Cicéron, lorsqu'il taillait un *Jupiter* ou sa *Minerve*, n'étudiait pas un modèle particulier dont il s'appliquât à exprimer la ressemblance; mais au plus profond de son cœur résidait un type accompli de la Beauté : c'était là le modèle qu'il fixait sans cesse et qui lui donna d'être immortel. »

Ainsi faisaient les mystiques du moyen âge.

Vous tous qui sculptez le marbre, vous trouverez le *réel* indigne de votre génie; *l'idéal*, si haut qu'il soit, ne vous satisfera point, mais vous voudrez poursuivre le *divin*, tout au moins dans la mesure où Phidias l'a cherché.

LA SCULPTURE

AU SALON DE 1874

I.

Fidèle à notre culte pour la sculpture, nous essayerons de juger dans l'impartialité d'une critique sérieuse les œuvres de nos statuaires qui ont figuré au Salon de 1874.

C'est la deuxième fois que nous nous bornons de la sorte à l'étude exclusive des œuvres sculptées, dans le but avoué de convertir les écrivains de notre temps au respect d'un art qu'ils dédaignent.

Sans doute, l'exemple d'un seul est peu de chose, mais la critique d'art est devenue aujourd'hui tellement en vogue que nous n'avons pas à créer le mouvement, il nous suffit de le diriger.

Jetez un grain de sable dans une coupe pleine jusqu'aux bords, vous ferez déborder la coupe.

Il y a des précurseurs de toute taille. Dieu les mesure à la difficulté de la tâche qu'il leur confie. La nôtre n'a rien que de naturel et de facile, et ceux qui nous suivront s'étonneront bientôt de n'avoir pas pris les devants.

II.

M. Laurent : *Callot.* — M. Gravillon : *Le premier semeur.* — M. Guilbert : *Prométhée.* — M. Fulconis : *Mater Dei.* — M. Thabard : *Le Christ au roseau.* — M. Roux : *La Comédie.* — M. Marioton : *Le Supplice d'un serf au IXe siècle.* — M. Féton : *Gerson.* — M. Falguière : *Monument de La Salle.* — M. Le Bourg : *Discobole; Prêtresse d'Éleusis.* — M. Cordier : *Emmanuel Escaudon.* — M. Schoenewerk : *Monument d'Ortolan; Lulli; saint Thomas d'Aquin.*

La figure de *Callot,* pour la ville de Nancy, par M. Eugène Laurent, est une statue historique qui mérite d'être signalée avec éloges. Callot est debout, tenant d'une main ses tablettes, de l'autre un stylet, et son regard est fixé sur la pièce qu'il va graver.

L'unité d'action est ici parfaitement comprise. Le geste est vrai, sans cesser d'être simple. Le costume, scrupuleusement respecté dans les détails, sans affectation, aide au premier coup d'œil à placer la figure au point de l'histoire où Callot a vécu. Le sculpteur a tiré bon parti des effets de draperie que lui pouvait offrir le costume du dix-septième siècle, et les plis tombants qui consolident sa statue du côté gauche sont harmonieux.

Quelques cartons jetés sur le socle servent d'accessoires naturels à l'image de Callot. L'anatomie de la figure est convenablement étudiée. Les hanches sont bien marquées sous le vêtement. Les attaches des bras ont été rendues avec énergie. La tête quelque peu rabelaisienne de l'auteur des *Gueux* et de la *Tentation de saint Antoine,* est vigoureuse. Les lèvres ont de la finesse et l'œil est vif.

Tout l'ensemble de la tête annonce la puissance de conception, et l'immortel graveur est dignement représenté par l'œuvre de M. Laurent.

Le premier semeur, de M. Gravillon, exprime une idée gracieuse, et cette figure est convenablement modelée.

Nous ne pouvons en dire autant du *Prométhée* de M. Guilbert. C'est une statue dont la pose est gênée, ce qui nuit singulièrement à l'harmonie de l'ensemble; et la douleur du patient est une douleur morte, ce qui est un contre-sens. Tout au plus la tête est-elle empreinte d'une certaine souffrance, mais les membres inertes, les extrémités sans vie annulent l'effet que le sculpteur a voulu produire, en privant son œuvre de caractère.

Mater Dei, tel est le titre d'un groupe de M. Fulconis. Ici, le caractère est vrai. La Vierge tenant l'Enfant debout sur son genou porte le regard abaissé. Ses longues paupières demi-fermées, ses lèvres silencieuses, la pose pleine d'humilité qu'elle conserve devant son Fils, sont autant de traits épars dont l'ensemble constitue la vigueur et la beauté de ce groupe. Les pieds de la Vierge sont nus et reposent sur des nuages. L'Enfant-Dieu bénit de la main. La vie, le mouvement animent sa physionomie, et font de lui le personnage principal de cette œuvre habilement rendue. Le *Christ au Roseau*, de M. Thabard, nous présente une tête sans énergie. Ce n'est pas que cette tête soit dépourvue de style et d'une certaine tendance vers l'idéal, mais nous n'y avons pas trouvé la marque de la foi surhumaine qui appartient à l'image du Christ.

Que dire de la *Comédie* de M. Julien Roux? Que penser de cette œuvre de fantaisie, le *Supplice d'un serf au IXe siècle* par M. Marioton, élève de l'École des beaux-arts? La sculpture vit de l'histoire et non d'une obscure chronique, vraie peut-être, mais bonne tout au plus à défrayer quelque feuille radicale.

La critique se sent à l'aise devant la statue de *Gerson*, par M. Félon. Taillée dans la pierre, pour la façade de la Sorbonne, l'œuvre de ce sculpteur vaut qu'on l'examine avec soin. Bien que d'un aspect général irréprochable, cette figure est surtout remarquable par la tête. En effet, le moine docteur, qui devenait à trente ans chancelier de l'Université de France, après avoir été dans l'obligation de substituer à son nom celui de son lieu natal, pour se conformer à l'usage auquel restaient soumis les étudiants pauvres, Gerson nous apparaît le front haut et large, portant déjà les traces de l'étude. Ses lèvres méditatives sont empreintes de bonté. C'est bien là le théologien pris de pitié pour le peuple, et qui écrivait de courts traités religieux à l'usage des *simples gens!* Il y a tout à la fois du penseur et de l'ascète dans ce personnage étrange, qui sut allier aux vertus du moine les chaudes aspirations du moraliste, ennemi des ténèbres et des préjugés de son époque. M. Félon a bien interprété son sujet, et le Gerson qu'il nous présente n'est point indigne d'avoir écrit l'*Imitation*.

Le monument du Vénérable de *La Salle*, fondateur des Écoles chrétiennes, nous permet d'étudier un groupe et quatre figurines d'enfants de M. Falguière.

Cet artiste, dont le talent sait aborder les genres les plus opposés, nous avait fourni l'occasion d'apprécier l'an passé, dans sa *Danseuse égyptienne*, les qualités d'élégance et de souplesse qui lui sont familières. Cette fois, son ciseau se révèle à nous dans un sujet d'un tout autre caractère. C'est d'abord la figure principale, celle de l'ancêtre des Frères des Écoles. Il est debout, et près de lui est un jeune garçon qui le consulte, un livre ouvert à la main. La Salle s'entretient avec son disciple; de l'œil et du geste, il appuie les conseils qu'il lui donne. A ses pieds, un enfant étudiant. La tête historique du modèle était malheureusement peu faite pour la sculpture. Courte et large, sans arêtes, le front bas, il était difficile de lui imprimer un sentiment énergique. M. Falguière a répandu sur les traits de son héros une grande bonté.

Le groupe, de quelque point qu'on l'envisage, ne cesse pas d'offrir des lignes heureuses.

Viennent ensuite quatre figurines allégoriques, aux angles du monument. Ce sont de jeunes enfants qui, par l'attitude ou de simples attributs, rappellent à tous les yeux la Prière, la Lecture, l'Écriture et le Calcul. Nous ne pouvons rien dire des maquettes de proportions réduites qui tiennent lieu, dans le jardin du Salon, de ces quatre figures. On aurait besoin d'étudier ces personnages sur des modèles de grandeur naturelle pour les bien juger. Cependant, nous ne croyons pas trop avancer en promettant au monument que la ville de Rouen fait élever à la mémoire de La Salle, des qualités d'ensemble qui ne feront pas moins honneur à l'architecte qu'au statuaire. Celui-ci, notamment, aura su résumer, sans effort apparent, à l'aide de quelques figures d'enfants, tout le poëme de l'éducation.

M. Le Bourg expose un *Discobole* colossal dont il corrige avec art les proportions démesurées en le posant un genou en terre. Dans cette attitude ramassée, le colosse tient sa main gauche sur sa cuisse, tandis que sa droite relève un énorme disque. Le mouvement général incline l'épaule droite, mais la tête légèrement relevée forme contraste et produit une suite de lignes brisées que l'artiste a su interpréter avec une science très-juste de la figure humaine. Le *Discobole* porte les cheveux drus et courts; il est de la famille des gladiateurs romains. Son front puissant indique la force, non la colère. C'est un lutteur au repos. Modelée par plans résolus, cette œuvre annonce autant d'énergie que d'adresse chez son auteur.

Pourquoi faut-il que M. Le Bourg ait exposé à quelques pas de son *Discobole* une *Prêtresse d'Éleusis* absolument nue, et occupée à souffler de toutes ses forces sur les charbons éteints de sa cassolette? Tout est heurté dans cette œuvre, depuis l'absence du vêtement chez une prêtresse, jusqu'à l'affreuse grimace qui contracte ses joues ridiculement gonflées.

Emmanuel Escaudon, pour la ville d'Orizava (Mexique), par M. Cordier, manque de mouvement. Statue froide et sèche, elle n'est pas sans ressemblance avec la sculpture anglaise de notre temps. Le fini des détails dans une œuvre de ce genre ne remplace pas l'inspiration.

M. Schœnewerk, l'heureux auteur de la *Jeune fille à la fontaine,* qui fut remarquée à l'exposition de 1873, a envoyé cette année trois œuvres de valeur. C'est d'abord le Monument d'*Ortolan,* le professeur de droit si justement regretté. Le buste du jurisconsulte domine une large gaîne sur laquelle est sculptée en bas-relief une figure allégorique. Ortolan a les lèvres d'un penseur, le regard pénétrant et immobile, le front saillant. C'est à la fois l'homme d'étude, le jurisconsulte et le poëte qui devait analyser les *Pénalités de l'Enfer du Dante* après avoir donné l'*Explication des Institutes de Justinien.* Une figure allégorique, peut-être la Jurisprudence, qui inscrit sur l'airain le nom d'Ortolan, est habilement drapée dans une attitude d'affaissement qui complète la pensée dominante du monument.

La statue de *Lulli,* du même artiste, se recommande

surtout par le mérite de la composition. Assis et drapé dans le costume historique du grand siècle, le chef couvert d'une abondante perruque, l'auteur d'*Armide* est représenté dans l'ardeur du travail. Il a le front chargé, l'œil distrait, la bouche légèrement dédaigneuse, comme un homme aux prises avec l'inspiration qui ne sait pas trouver dans son art l'équivalent de l'idéal qu'il poursuit. La pose est naturelle. On dira peut-être que le mouvement trahit une certaine précipitation, mais nous voulons croire que le statuaire n'a pas cherché sans motif à imprimer un tel caractère à son œuvre : Lulli fut le compositeur le plus fécond de son époque. Il écrivit dix-neuf opéras en moins de quinze ans, sans compter les ballets et les intermèdes que la plume agile de Molière et le bon plaisir du roi réclamaient sur l'heure de son génie musical.

Le plus grand écueil pour le statuaire dans la reproduction du costume Louis XIV, c'est la lourdeur. Ces étoffes aux passementeries et aux parements chargés, ces perruques sans fin laissent peu de place au nu de la figure. Si surtout le personnage doit être assis, l'artiste se trouve dans les conditions les plus difficiles. L'anatomie de la figure disparaît sous l'amas des draperies, et ce n'est sans pas peine que le statuaire cherche à ressaisir la forme humaine à travers tant d'entraves ennemies de son art « Quel malheur, s'écriait David d'Angers, de passer sa vie a tailler des habits et des bottes, après avoir étudié le beau! » Mais tout en formulant cette plainte virile, David s'appliquait à tirer de merveilleux effets du costume moderne, et M. Schœnewerk, son élève, n'est guère moins heureux sous ce rapport que l'auteur du *Condé*.

Le *saint Thomas d'Aquin* de Schœnewerk est une œuvre d'un tout autre genre. Debout, dans sa robe dominicaine, sobrement traitée, l'illustre disciple d'Albert le Grand tient un livre dans sa main gauche, le doigt plié entre deux pages en guise de signet. De la droite, il accompagne par un geste naturel le commentaire du livre saint.

Les lèvres parlent.

Du premier coup d'œil, ne connût-on ni le nom du personnage, ni son costume, on devinerait le docteur. C'est bien là, en effet, la figure d'un maître. Il enseigne, et il n'y a pas jusqu'à l'index de la main droite qui n'achève le geste en lui donnant son vrai sens. La tête est historique et nous n'avons qu'à constater la ressemblance unie à un sentiment d'idéalité convenablement exprimé. Ce qui brille dans les yeux du docteur, ce qui respire sur son front, c'est la science et la vie. On dirait la pierre imprégnée de savoir, tant les paroles semblent pressées sur les lèvres du saint. La chape du dominicain, rejetée en arrière du côté gauche avec beaucoup d'aisance, donne à la figure une certaine légèreté qui est d'un bon effet. Disons aussi à l'adresse des statuaires appelés à décorer le fronton de quelque monument, qu'ils feront bien d'imiter M. Schœnewerk dans la pose de son *saint Thomas :* il l'a placé sur le bord antérieur du socle, les pieds à demi posés dans le vide. C'est le bon moyen qu'une œuvre, vue d'en bas, puisse être appréciée dans toutes ses parties. Sans cette précaution, les statues dont on orne l'entablement de nos édifices ne peuvent être saisies tout entières par le regard. On en peut faire l'épreuve dans la cour intérieure du Louvre.

III.

MM. Amy et Boisseau : *Figaro.* — M. Bogino : *Le Christ au Jardin des Oliviers.* — M. Loison : *Nausicaa.* — M. Lequesne : *A quoi rêvent les jeunes filles?* — M. Tournois : *Orphée.* — M. Ottin : *La Vérité.* — M. Captier : *Adam et Ève.* — M. Delorme : *Benjamin.* — M. Faraill : *Le jeune flûtiste.* — M. Durand : *Mercure.* — M. d'Épinay : *Ceinture dorée.* — M. Blanchard : *Bethsabé.* — M. Mégret : *David.* — M. Félix Martin : *Ecce Homo.* — M. Cordonnier : *Persée.* — M. Vilain : *Saint Paul.* — M. Janson : *La Douleur.* — M. Hexamer : *Prométhée.* — M. Rochet : *Daumesnil.* — M. Crauk : *Le maréchal Niel.*

Une œuvre de caractère, c'est le *Figaro* de MM. Amy et Boisseau. Ce corps maigre et fatigué, cette tête usée, ces oripeaux, ce costume espagnol aux détails tapageurs; le manteau négligemment jeté sur le bras, une mandoline aux épaules, une plume et un rasoir dans les mains, tel est *Figaro*, l'être fantastique et contemporain que Beaumarchais et Rossini ont jeté dans le domaine des arts, jusqu'à ce que, de lui-même, il se fût fait une place dans la vie réelle. Il est le type de cette existence fiévreuse, plus inquiète de lucre que de noblesse, qui est devenue la vie du grand nombre en ce siècle. La gorge nue et creusée du personnage, les cheveux en désordre, attestent les labeurs et le tumulte de cette vie factice.

Mais y a-t-il place pour la représentation d'un pareil type dans la vraie sculpture? Nous n'osons pas l'affirmer. Ce que réclame la statuaire, c'est la grandeur, l'idéal. Malgré les rares qualités d'exécution dont les auteurs du *Figaro* ont fait preuve, malgré le caractère qu'ils ont su donner à leur œuvre, ils ne pouvaient aller plus haut dans la langue modelée. Ils ont bien suivi la gamme ascendante indiquée au statuaire : ils se sont élevés de la vérité individuelle à la vérité « typique », mais la beauté n'était pas accessible pour leur ciseau dans une figure de ce genre, parce que les accents de la vie générique et idéale ne peuvent être cherchés dans ce type élégant mais vulgaire qui n'a pas d'ancêtres.

Dantan eût trouvé sous ses doigts la figure de *Figaro*, Jean Goujon ne la pouvait soupçonner, et MM. Boisseau et Amy, les consciencieux auteurs de cette œuvre de circonstance, feront mieux encore en abordant des sujets de haut souffle, au domaine moins restreint.

Le *Christ au Jardin des Oliviers* de M. Bogino pèche par la pose. Le Sauveur ne devait pas être représenté dans cette attitude renversée. Nous regrettons cette faute de goût; mais, en retour, il ne nous coûte pas de reconnaître le naturel et l'ampleur du geste par lequel le Christ appelle à lui le sacrifice.

La *Nausicaa,* de M. Loison, ne manque ni d'élégance, ni de mouvement. Tout au contraire, *A quoi rêvent les jeunes filles?* par M. Lequesne, est une œuvre assez lourde.

L'*Orphée* de M. Tournois rappelle trop visiblement par sa pose certaines statues grecques de l'Apollon *Musagète*. Nous ne voudrions rien dire de désobligeant à M. Ottin, mais sa figure de la *Vérité* est une énigme. Aucun visiteur n'eût saisi la pensée de l'artiste sans le secours du livret. Et cependant tout n'est pas à blâmer dans cette figure de femme qui se dégage des voiles dont elle est enveloppée. Le corps est jeune, d'un modelé très-sûr, et le bras gauche notamment est d'un galbe parfait.

Nous voici devant le groupe de M. Captier, *Adam et Ève*. La critique n'a pas ménagé M. Captier, mais auprès du blâme elle a placé l'éloge. Selon nous, le groupe d'*Adam et Ève* mérite plus d'être loué que d'être repris. Disons tout de suite, pour n'y plus revenir, que ce groupe colossal est conçu dans des proportions qui manquent d'élégance. La grâce a fait place à la force. La santé de ces deux corps leur tient lieu d'adolescence. Mais combien ces défauts se trouvent compensés par la science de la composition, la décence de la pose, le naturel de l'attitude! Jugez-en plutôt.

Adam est assis. Ève debout, à sa gauche, appuie nonchalamment son bras droit sur l'épaule d'Adam, qui entoure la taille de sa compagne d'un bras sans défiance. Ève dépose la pomme fatale dans la main du premier homme, qui, la tête relevée, l'œil franc, l'interroge du regard. L'action est une et vivante dans ce groupe. Il y a, pour une heure encore, de la tranquillité, de l'abandon, une confiance mutuelle entre ces deux êtres, mais on sent à l'attitude respective des personnages que le drame est proche.

C'est la tentation.

D'un côté, le regard qui est une caresse, des primevères sur le front, quelques cheveux tombants, selon le mot admirable de l'Écriture, *in uno crine colli sui*, des lèvres fines, une pose où se trahit la faiblesse qui appelle la protection; de l'autre, l'étonnement, l'hésitation, la sécurité que donne l'être aimé. Beaucoup d'énergie, un juste sentiment du sujet traité, je ne sais quoi de viril et d'honnête qui retient l'esprit, telles sont les grandes qualités du groupe de M. Captier.

Une œuvre nouvelle qui ne relève d'aucune école moderne et qui mérite d'être mise en lumière, c'est le *Benjamin* de M. Delorme. Ce marbre n'est pas seulement un bon travail au double point de vue de la composition et du dessin, c'est en outre un sujet sérieux. M. Delorme a puisé aux sources toujours vives mais trop souvent délaissées de l'Écriture sainte. Combien cependant parmi les maîtres de l'École française, — pour ne parler que de nous, — se sont inspirés avant ce siècle des scènes bibliques! Combien sont redevables de leur gloire aux Livres sacrés! De nos jours, la grande peinture ne déserte pas encore cette mine féconde, mais on dirait nos statuaires rebelles à s'imprégner de l'étude des grands faits dont la Bible est remplie. C'est que l'antiquité, qu'elle s'appelât Homère ou Moïse, écrivait l'histoire à grands traits; et quiconque remonte à ces illustres origines est tenu de méditer longuement sur un verset, moins que cela, sur un mot du poëte ou de l'historien sacré, s'il veut reconstruire la scène indiquée, mais non dessinée. Et quelle vertu nous est plus étrangère aujourd'hui que la méditation!

« L'intendant les ayant fouillés, est-il écrit au livre de la Genèse, en commençant depuis le plus grand jusqu'au plus petit, trouva la coupe de Joseph dans le sac de Benjamin. »

M. Delorme s'est pénétré de ces paroles et, modelant la figure de Benjamin pour la tailler ensuite dans le marbre, il l'a fait jeune et plein de calme. La poitrine et les jambes ont de la finesse, les cheveux tombent trop sur le front, la tête est renversée dans un mouvement de douleur muette plutôt indiqué que traduit.

Je sais combien les Grecs étaient sobres d'expressions violentes, mais une tristesse plus accentuée n'eût pas nui au caractère de l'œuvre de M. Delorme. La main gauche, d'ailleurs, qui soutient la tête, et celle qui vient d'entr'ouvrir le sac de blé dans lequel s'est trouvée la coupe accusatrice, sont largement rendues. Les yeux du coupable sont fermés et marquent sa honte. Une attitude générale humiliée, exprime bien l'embarras de l'enfant que Joseph a mis en faute par une ruse fraternelle. Peut-être y a-t-il dans cette œuvre un peu de timidité dont M. Delorme devra s'affranchir pour marcher hardiment dans la voie qu'il s'est tracée.

Le Jeune Flûtiste, de M. Faraill, ne manque pas de chaleur. Il y a du nerf dans ce corps d'enfant qui doit avoir grandi sous le climat des Abbruzzes. De la jeunesse, de l'intelligence, une attitude simple et vraie, des jambes sveltes aux malléoles bien modelées, sont les caractères à relever dans cette œuvre.

Pourquoi le *Mercure* de M. Durand porte-t-il une tête aussi vulgaire?

Ceinture dorée, par M. d'Épinay, relève d'une inspiration mauvaise, et comme l'auteur s'était imposé de rester dans les basses régions de la pensée, son œuvre est sans noblesse. Que disent ces lignes anguleuses des coudes portés en arrière, tandis que les mains font d'inutiles efforts pour ceindre la poitrine? Le ventre et la tête forment contraste avec les bras par un mouvement en avant. Quoi qu'on puisse dire du travail de ce marbre, qui dans certaines parties est très-achevé, la pose en est grotesque et l'idée malsaine.

La *Bethsabé*, de M. Blanchard, est naturelle dans son geste, modeste dans son attitude, et si la tête ne manquait d'élégance, nous ne trouverions pas à redire. M. Mégret expose un *David* prêt à lancer la fronde. Il y a du caractère et du mouvement dans cette figure. La tête résolue, l'œil au but, le corps bien campé sur la jambe droite, tandis que l'autre est posée en avant, les deux bras rapprochés du même côté, tout est de la plus grande vérité dans cette œuvre. Le bronze ajoute encore à la vigueur du travail.

Nous voici devant l'*Ecce Homo* de M. Félix Martin, dont nous avons signalé l'an dernier *la Chasse au nègre*. L'expression de l'*Ecce Homo* est très-juste; le haut du corps est sérieusement étudié, mais on sent quelque précipitation dans le modelé des autres parties de ce travail. C'est sans doute que l'artiste prépare, dès maintenant, quelque œuvre pour le prochain Salon.

Nous souhaiterions au *Persée*, de M. Cordonnier, plus de naturel dans la pose, mais certaines parties de la statue du héros grec sont interprétées avec talent.

Le *Saint Paul*, de M. Vilain, présentait de réelles difficultés, dès lors que l'artiste était tenu de modeler une figure assise. Le caractère militant de l'apôtre s'accommode mal avec le repos. M. Vilain devra s'y reprendre.

Pourquoi faut-il que *la Douleur*, de M. Janson, soit plus occupée de faire admirer sa chevelure que de pleurer ses chagrins! C'est que sans doute elle ne souffre pas. Le *Prométhée* de M. Hexamer ne souffre guère davantage : on le soupçonnerait d'avoir sommeil, tant il est vrai que sa tenue nonchalante est en désaccord avec l'attitude révoltée qui sied à l'immortel foudroyé du Caucase.

M. Rochet n'en est pas à son début, mais qu'il nous permette de lui dire que son *Daumesnil* est lourd, plein de roideur et de sécheresse : ce serait à dégoûter de la sculpture historique, si l'on devait orner nos places publiques de beaucoup d'œuvres de ce genre. Heureusement, M. Crauk avec sa statue du *Maréchal Niel* nous fait oublier Daumesnil. Toutes les qualités dont nous regrettons l'absence dans l'œuvre de M. Rochet signalent la statue de M. Crauk à l'attention des gens sérieux. Une grande aisance, de belles draperies, une pose simple et digne, la tête énergique, le front noble et bien développé, les joues fermes, sans maigreur, font aimer au premier coup d'œil la figure sympathique du maréchal. Puis, à mesure qu'on l'observe, la taille se dessine sous le regard avec un emâle jeunesse. L'élégance du manteau, qui vient battre sur la jambe droite portée en avant, ajoute aux grandes lignes que l'auteur a visiblement cherchées. La main gauche repose sur le pommeau de l'épée. Dans la main droite, un rouleau contenant le projet de loi proposé par le maréchal sur la réorganisation de l'armée et le système de la garde mobile. Nos récents désastres ne prouvent-ils pas, en effet, tout ce qu'il y avait de sage prévoyance dans les projets du maréchal Niel en 1867, projets qu'on eut le tort de dédaigner pour ne songer à leur exécution précipitée qu'au milieu des entraves de l'invasion?

IV.

M. Aimé Millet : *Vercingétorix.* — M. Michel-Pascal : *Brennus.* — M. Grégoire : *Andromède; Hersilie.* — M. Grimbel du Bois : *Au bord de l'eau.* — M. Pilet : *Esclave pendant la vente.* — M. Cabuchet : *Notre-Seigneur Jésus-Christ.* — M. Jannin : *Tambour.* — M. Hiolle : *Figure allégorique.* — M. Valette : *Ménade.* — M. Tournoux : *Caïn.* — M. Caillé : *Caïn.* — M. Chrétien : *Le Maudit.*

On connaît déjà la statue de *Vercingétorix*, en cuivre repoussé, solennellement érigée sur le plateau d'Alise. L'auteur de cette figure, M. Aimé Millet, en expose la traduction en pierre. Les proportions réduites de cette traduction permettent de mieux juger du fini des détails. Vercingétorix debout, sa longue épée en terre, les deux mains posées sur la garde, est dans une attitude de résignation mêlée de dédain, qui donne à tout l'ensemble de la statue un caractère d'autorité très-soutenu. Le front est haut et bombé, les cheveux longs, presque incultes. Une barbe épaisse couvre la lèvre supérieure et se confond avec elle, trait distinctif de la race gauloise, que César a pris soin de noter dans ses *Commentaires*. La jambe droite, légèrement relevée par suite d'un accident de terrain, rompt la simplicité de la pose. Le costume du chef gaulois est exempt de recherche. On se sent en face d'un lutteur, chez qui la pensée fait équilibre à l'action. L'œuvre de M. Millet donne la plus haute idée de la puissance du héros. Nous ne trouvons à reprendre que l'extrême finesse des mains, qui ne répondent pas à la vigueur des bras de l'Arverne; mais ce n'est là qu'une faute légère, qu'il serait facile d'atténuer, et la statue de Vercingétorix est digne de ce Gaulois de génie.

Voici un autre guerrier : c'est *Brennus*. M. Michel-Pascal, dans la statue équestre qu'il nous offre du héros, l'a représenté apportant la vigne dans les Gaules. La figure dénote, en effet, beaucoup de douceur et de bienveillance; c'est bien une mission pacifique que le général accomplit en ce moment. Conçue dans cette pensée, l'œuvre ne manque ni de caractère ni d'une certaine beauté. Mais nous avouons notre surprise en face d'un Brennus légendaire, lorsque le Brennus historique s'impose à toutes les mémoires par son cri fameux *Væ victis!* Tite-Live et Polybe ont raconté la scène émouvante dans laquelle Brennus, vainqueur des Romains, jeta ce cri de vengeance au pied du Capitole. Il y a des hommes dont toute la vie se résume dans un mot, dans une heure, et c'est une faute que de faire descendre leur figure de son cadre obligé.

L'Andromède, de M. Grégoire, se distingue sous le rapport de la composition. Les détails de draperies, qu'il convenait de traiter finement dans les proportions réduites de ce groupe, sont bien rendus. Certaines parties de nu sont fouillées dans le marbre avec une réelle habileté. Le groupe d'*Hersilie*, en bronze, du même auteur, est moins heureux. *Au bord de l'eau,* par M. Grimbel du Bois, est une figure d'enfant, dont la pose, pour être naturelle, manque d'élégance.

L'*Esclave pendant la vente,* de M. Pilet, que nous avons signalée l'an passé, revient en marbre au Salon de 1874, avec quelques variantes. C'est bien, en somme, la même œuvre, et nous ne ferons pas de restrictions à notre premier jugement. Toutefois, la tête n'a pas gagné au changement de matière. Les cheveux sont trop abondants et nuisent à la grâce. Le nez est lourd. En revanche, le regard ne cesse pas d'être suppliant, et les bras ont acquis plus de délicatesse qu'ils n'en avaient dans le modèle original. La vérité du geste, la souplesse du vêtement, sont à noter dans la figure de *Notre-Seigneur Jésus-Christ,* par M. Cabuchet. La tête ne répond pas au reste du travail.

Nous avions eu le *Chasseur* nu en 1873, nous avons cette fois le *Tambour* nu! C'est M. Jannin qui l'a modelé, sans grand effort d'imagination. Comme c'est un plâtre, nous ne désespérons pas de le revoir en marbre l'an prochain.

La *Figure allégorique*, de M. Hiolle, pour un monument érigé à Cambrai à la mémoire « des enfants de Cambrai, morts pour la Patrie » est une œuvre de jet. La tête exprime un sentiment de douleur très-vif. *La Ménade,* de M. Valette, révèle beaucoup d'étude; l'agitation furieuse de la bacchante est convenablement imprimée sur les traits du visage.

Trois figures de *Caïn* exprimant chacune une pensée différente méritent l'analyse. Commençons par celle de M. Tournoux, que je suppose un tout jeune homme, car le livret porte la mention : « Soldat à la 22e compagnie, bastion 49, porte Maillot. » Une grande hardiesse de mouvement, une liberté d'allure difficile à faire passer dans la pierre est ce qui frappe dans son *Caïn*. Le fratricide est en fuite, poursuivi déjà par le remords auquel il essaye de se soustraire en courant, le corps violemment penché, la main rejetée en arrière et ouverte comme pour repousser de toute sa puissance l'invisible ennemi qui le presse. L'autre main cache le front, mais avec habileté, et le regard peut se poser à l'aise sur le visage du meurtrier.

C'est là que l'inexpérience de l'artiste se trahit dans un défaut qui, partout ailleurs, serait une qualité. La tête de

Caïn, bien modelée, est une tête repentante ! Elle souffre et elle intéresse! M. Tournoux ne s'est pas souvenu que Caïn n'est le Maudit que parce qu'il n'a pas su se repentir. Vraie dans sa pose, la statue de M. Tournoux cesse de l'être par le visage.

Le *Caïn*, de M. Caillé, assis, sombre et les poings fermés, a le visage à demi caché sous l'avant-bras. C'est la science anatomique, la fermeté des plans qui recommandent cette figure. Le caractère est un mélange de force physique et d'énergie morale. La tête ne souffre pas : elle se contente de penser. C'était bien comprendre le repos du mal. Une seconde médaille a récompensé M. Caillé de ce bon travail.

La gamme est ascendante. Voici le *Maudit,* de M. Chrétien. Après la fuite affolée, après la résistance au repentir, le châtiment. Le *Maudit,* genou en terre, le corps ramassé, repousse des deux mains l'arrêt dont il se sent frappé. Les yeux levés et hagards, les lèvres ouvertes, il semble que ce soit de ce corps atterré que le poëte ait dit : *Vox faucibus hæsit.*

C'est bien l'image de la stupeur.

Œuvre étudiée, vigoureuse, d'un mouvement heureux, le marbre de M. Chrétien méritait que le jury lui décernât une médaille, et nous comptons revoir cet artiste à nos prochains salons.

V

M. Truphême : *Le Moineau de Lesbie.* — M. Fourquet : *Source de l'Yvette.* — M. Dubois : *Narcisse.* — M. Destreez : *Judith.* — M. Lavigne · *Persée.* — M. Boucher : *L'enfant à la fontaine.* — M. Flachéron : *Baigneuse.* — M. Sobre : *Vendangeurs.* — M. Bouré : *Le Lézard.* — M. Barre : *Berryer.* — M. Aizelin : *L'Idylle.* M. Franceschi : *Mort du commandant Baroche.* — M. Mercié : *Gloria Victis. !*

Le *Moineau de Lesbie*, par M. Truphême, est une figure de jeune fille, que l'on doit ranger parmi les meilleures œuvres du Salon. De la naïveté, du dessin, de la grâce sans mignardise donnent à ce marbre le style d'une étude sérieuse. Ce sont des qualités analogues que nous remarquons dans la *Source de l'Yvette*, de M. Fourquet, avec plus de bonheur dans la pose et des traits plus idéalisés. C'est bien là le symbole patriotique qu'un jeune artiste pouvait élever à sa rivière natale. Hégésippe Moreau n'a-t-il pas chanté jadis en des vers dignes d'Horace son humble Voulzie.....

S'il est un nom bien doux fait pour la poésie,
Oh! dites, n'est-ce pas le nom de la Voulzie?..

Poëte et statuaire se sont inspirés de leur cœur dans ces pages reposées, qu'ils consacrent à personnifier des ruisseaux plus appréciés que des fleuves.

D'une source à l'image de *Narcisse*, il n'y a qu'un pas. M. Paul Dubois expose un *Narcisse* qui ne le cède en rien, pour la science du nu et le fini du modelé, à ses ouvrages passés. Les lignes sont hors de critique et la modération de l'attitude est remarquable. Peut-être le marbre sévère employé pour le *Narcisse* n'a-t-il pas toute la limpidité qui conviendrait à une figure de ce genre? Ses tons ajoutent à la simplicité des détails une sécheresse apparente dont l'auteur n'est pas tout à fait responsable. Le visage sérieux du jeune homme le sauve de toute ressemblance avec les Narcisses souriants et grimaçants que nos statuaires ont modelés en mainte occasion. La statue de M. Dubois est vraiment une œuvre personnelle.

Judith, par M. Destreez, fait songer à Jeanne d'Arc écoutant ses voix. C'est bien la jeune fille, simple, faible, suppliante dans sa foi, chez qui toute l'énergie vient de la pensée. Ajoutons que le costume de *Judith* est interprété avec goût.

Beaucoup de chaleur dans le *Persée,* de M. Lavigne. Des lignes heureuses, une grande vérité de mouvement dans l'*Enfant à la fontaine,* de M. Boucher. La *Baigneuse,* de M. Flachéron, est à peine une variante de la *Vénus accroupie,* quant à la pose.

Il y a de la jeunesse et de la vivacité dans les mouvements partiels des *Vendangeurs,* de M. Sobre, et la silhouette générale du groupe se dessine bien. Mais quel vulgaire panier que cette corbeille de raisins vers laquelle se portent les bras de l'enfant!

Le *Lézard,* de M. Bouré, est aussi une statue d'adolescent, mais les qualités d'exécution ne sauveront pas cette étude d'un défaut trop réel qui lui vient du volume exagéré de la tête.

Ce ne sera pas le reproche que nous adresserons à M. Barre pour son *Berryer* : la tête est trop petite. Ce n'est point là l'orateur puissant que nous avons connu. M. Barre n'a pas su garder au chef majestueux du grand défenseur de ce siècle cette « exagération permanente » dont parle Diderot avec tant de justesse. Ce n'est pas, on le devine, qu'il faille rendre choquante une figure d'homme en affectant telle partie plus spécialement indiquée par les aptitudes maîtresses du modèle; mais c'est dans l'heureuse interprétation de tel organe que l'artiste saura fixer le caractère du personnage qu'il représente. L'attitude du *Berryer* est vraie, mais le personnage manque d'aisance; le corps est lourd et le froncement des yeux est un indice d'humeur et non de force.

L'*Idylle*, de M. Aizelin est remarquable de candeur. Si les draperies moins abondantes répondaient à la sobriété du nu et à l'élégance de la tête, cette figure de jeune fille serait une œuvre exquise.

Nous nous montrerons difficile pour le bas-relief de M. Franceschi représentant la « *mort du commandant Baroche au Bourget*, le 20 octobre 1870. » Des plans trop nombreux empêchent que cet ouvrage ne conserve la simplicité qui convient aux œuvres sculptées. Ce n'est pas tant un bas-relief qu'un tableau. Le pittoresque domine dans ce combat mouvementé d'où l'unité d'action est absente. Il y a notamment, au premier plan, tel soldat en tirailleur qui tourne le dos au groupe principal et fait une fâcheuse diversion. Nous regrettons en outre que ce travail, destiné à une chapelle, n'ait aucune partie méplate, car la lumière, à l'intérieur d'un monument, ne sera qu'un inconvénient de plus pour l'œuvre de M. Franceschi, dont les artifices ont besoin d'être corrigés par un jour abondant.

Gloria Victis! c'est le mot d'un Français, et le travail est d'un statuaire d'avenir. M. Mercié, nous assure-t-on, corrige en ce moment son groupe de la *Victoire*, emportant sur ses ailes déployées le corps d'un soldat mourant. Il n'y a pas beaucoup à faire pour rendre achevée cette œuvre de généreuse inspiration. Des parties molles dans la figure du blessé, quelque tâtonnement dans le mouvement des bras, un pan de draperie, à droite de la *Victoire*, sont à reprendre. Ces défauts atténués, il ne restera plus qu'à louer l'œuvre patriotique de M. Mercié. Dans son mouvement vigoureux et pondéré, la figure principale traduit bien l'énergie de sa foi, la tendresse de ses grandes amours pour les blessés. Ce n'est pas dans ses bras, sur son sein, qu'elle veut presser les vaincus que tant d'autres foulent aux pieds. C'est au plus haut, dans la lumière et dans l'espace, qu'elle les emporte sur ses ailes puissantes. Il y a de l'aigle et de l'archange dans cette figure. Il semble que le *Quis ut Deus!* ait été prononcé par cet autre Michel, dont la mission n'est pas de terrasser, mais d'élever. Succès oblige. Que M. Mercié ne l'oublie pas, il est tenu, dès aujourd'hui, à ne hanter que les sommets.

VI

M. Delaplanche : *Message d'amour.* — M. Guglielmo : *Faune à la grappe.* M. Lafrance : *Saint Jean.* — M. Noël : *Rétiaire.* — M. Marqueste : *Jacob et l'Ange.*

Le *Message d'amour*, de M. Delaplanche, procède d'une inspiration plus élevée que l'*Ève*, du même auteur, un instant placée dans le jardin du Luxembourg et promptement retirée. Une jeune fille debout, la tête légèrement renversée, tient dans ses mains la colombe de Tibulle et d'Anacréon qui lui confie quelque joyeux message. La tête est jeune ; le rayonnement du regard et les lèvres fermées attestent tout ensemble une joie pleine et discrète. D'une main, la curieuse enfant relève ses cheveux tombants afin de mieux saisir les douces confidences de l'oiseau. Les deux bras repliés et portés du même côté de la figure, à la hauteur de la tête, exigeaient de l'artiste une grande habileté s'il ne se résignait, par cette complication de lignes brisées, à produire une silhouette confuse.

M. Delaplanche n'est pas resté au-dessous de la difficulté, il l'a vaincue, mais cet artiste fera bien de ne pas se poser à l'avenir de pareils problèmes. La statuaire vit de simplicité, et, encore qu'un habile ciseau surmonte à son heure des obstacles accumulés à plaisir, l'œuvre sculptée que l'on fait servir à de pareilles expériences n'est pas exempte d'une certaine prétention. Ce n'est plus le grand style. Les détails de cette figure très-achevée ne sont pas moins remarquables que l'ensemble. Les mains sont fines, les jambes, délicates sans mollesse, les hanches bien étudiées et la cambrure du dos très-heureusement rendue. Nous aimons moins la masse des cheveux que l'artiste a jetée dans une même direction; cette direction est peu naturelle, étant donnée la pose de la figure. Vue de droite, les lignes offrent une grande harmonie; de gauche, la statue se recommande par la multitude des plans, traités sans subterfuges et avec succès.

M. Guglielmo expose un *Faune à la grappe* dont l'expression nous a semblé très-juste. Vrai dans sa pose et dans le jeu de la physionomie, le *Faune* fait briller au soleil une grappe de raisin qu'il couve d'un regard voluptueux. Le geste est hardi. Les jambes sont bien campées, le dos est jeune et simplement traité, mais la poitrine manque de beauté; dans certaines parties molles et indécises, elle est d'un autre âge que le reste de la figure.

M. Lafrance est un homme heureux; l'opinion publique ne lui eût pas décerné la première médaille pour son *Saint Jean*, de proportions réduites, et dont le mouvement seul est vrai. Le geste similaire des deux bras, les lèvres ouvertes, les lignes anatomiques naturellement peu accusées dans une figure de cet âge et de cette dimension, nous ont paru des fautes assez graves pour gâter l'œuvre de M. Lafrance. Le jury, plus indulgent, a couronné cette œuvre. C'est un encouragement dont le jeune pensionnaire de la villa Médicis fera bien de profiter.

Du mouvement, de la vigueur, une science vraie, tel est le triple caractère par lequel se recommande la statue de M. Noël, le *Rétiaire*. Fortement penché en avant, les bras portés de gauche à droite, et prêts à lancer le réseau, la tête et le regard dans la direction du mirmillon qu'il veut enlacer, le *Rétiaire* indique bien l'action qu'il médite; il y a plus : l'action n'est pas seulement indiquée, elle est complète, tant la physionomie du gladiateur achève le mouvement du corps. Il y a du fauve dans cette tête recouverte du casque sans visière ; les bras nerveux, la poitrine sèche, les jambes souples et fermes impriment à cette figure de Thrace ou de Gaulois des signes de virilité sauvage. C'est l'œuvre d'un beau talent.

M. Marqueste, dans son bas-relief *Jacob et l'Ange*, a rendu avec originalité la dernière phase de la lutte racontée dans l'Écriture.

« Jacob demeura seul en ce lieu-là, et il parut un ange sous la figure d'un homme, qui lutta contre lui jusqu'au matin. Cet ange, qui n'agissait contre Jacob que comme un homme, voyant qu'il ne pouvait le surmonter parce qu'il ne voulait pas employer toute sa force contre lui, lui fit sentir de quoi il eût été capable s'il eût voulu : il lui toucha le nerf de la cuisse qui se sécha aussitôt. Et en même temps il lui dit : Laissez-moi aller, car l'aurore commence déjà à paraître. Jacob, qui reconnut alors que c'était un ange du Seigneur, lui répondit : Je ne vous laisserai point aller que vous ne m'ayez béni. »

C'est cette pensée dernière, cette supplication de l'aurore, que M. Marqueste a choisie pour sujet de son travail. Déjà les pieds de l'ange se sont enlevés du sol; ses ailes sont ouvertes, il indique du doigt que sa demeure est plus haut. Jacob l'entoure de ses deux bras et le retient auprès de lui. On sent à cette étreinte que ces deux êtres ont lutté corps à corps. Si c'étaient deux inconnus, l'attitude et le regard suffiraient, sans la possession du geste, à définir la même idée. Mais le duel gigantesque et prolongé de la nuit les a rendus familiers l'un à l'autre, et l'œil impératif de l'ange qui veut se dégager et partir rencontre l'œil suppliant, mais énergique, de Jacob.

Les draperies de l'ange sont largement traitées; le nu de son antagoniste révèle une sérieuse recherche du vrai. La tête seule de Jacob manque de caractère, mais, en revanche, le contour des deux figures est prononcé, sans que les règles du bas-relief aient été violées en aucun point. C'est un éloge que nous n'avons pas souvent l'occasion d'adresser à nos statuaires, qui tombent trop ordinairement dans la mollesse par la liaison du contour avec le fond du bas-relief où il va se perdre.

VII

M. Thomas : *Théophile Gautier.*— M. Robert David d'Angers : *M. Cléry* — M. Leenhoff : *Vitet.* — M. Chapu : *Vitet.* — M. Guillemin : *M. Champfleury.* — M. Lenoir : *Lamartine.* — M. Plissonnier : *J.-J. Ampère.* — M. Tournier : *Cauchy.* — M. Carpeaux : *M. Alexandre Dumas fils.* — M. Crauk : *Le Shah de Perse.* — M. Aizelin : *Une Merveilleuse de 1796*, — M. Adam-Salomon : *François Ponsard; Augustin Cochin.*

Les bustes. — M. Thomas expose un buste colossal de *Théophile Gautier* qui a, du moins, le mérite de la ressemblance, mais c'est une œuvre lourde. Il y a dans cette tête qu'on se plaisait jadis à qualifier « d'olympienne », moins de vie que le célèbre critique n'en portait sur le front. L'œil surtout est perdu dans les chairs, alors que c'était la partie noble et intelligente de la tête de l'écrivain. Charles Blanc, parlant un jour du médaillon de Théophile Gautier, par David d'Angers, n'a-t-il pas dit qu'il avait « un œil plein de mots » ? Ce n'était pas trop dire. Mais je ne retrouve dans le *Gautier* de M. Thomas, à part les qualités relevées plus haut, que son attitude théâtrale, plutôt exagérée qu'atténuée.

Nous venons de prononcer le nom de David d'Angers, voici le portrait de *M. Cléry*, par M. Robert David d'Angers, en qui nous sommes heureux de saluer des traditions dont l'héritage n'était pas sans péril après le retentissement du nom paternel. Les cheveux rejetés en arrière, le front haut, les lèvres sèches, les joues sans barbe, tout dans le buste de M. David exprime la jeunesse et la décision. La pose de la tête est dans un mouvement juste qui complète l'expression des traits. Ce buste fait grand honneur au talent de l'artiste et l'auteur d'*Annibal enfant* ne l'eût pas désavoué.

Deux bustes de *Vitet*, remarquables l'un et l'autre à des points de vue différents, sont exposés au Salon par M. Leenhoff et M. Chapu. Un statuaire éminent disait devant nous en parlant de ces deux œuvres, qu'elles étaient pour lui l'image de la prose et de la poésie. Le mot est original et traduit bien la différence qu'il faut établir entre ces deux portraits; toutefois le buste de M. Chapu, supérieur à celui de M. Leenhoff sous le rapport de la vie, du mouvement, est aussi moins équilibré. On dirait un poëte enthousiaste avec quelque désordre dans la pensée, tant le marbre palpite, et l'on n'est pas loin de songer aussi à l'homme politique que nos luttes parlementaires ont trop vite usé. Pour peu qu'on abordât cet homme énergique aux lèvres mobiles, on s'attirerait peut-être une parole mordante.

Tel n'est pas le *Vitet* de M. Leenhoff. Impartial, le regard pénétrant et bon, le front sagace et bien posé sur les voûtes saillantes qui protégent l'œil, les joues sèches, les lèvres aristocratiques, je reconnaîs mieux ici le savant historien de Notre-Dame de Noyon, d'Eustache Lesueur, et des marbres d'Éleusis. L'antiquaire, l'artiste et le philosophe parlent dans ce marbre. Il y a plus de mesure, plus de paix, que dans l'œuvre de M. Chapu. Mais ces vertus correctes qui distinguent le buste de M. Leenhoff n'empêchent pas qu'il soit lourd dans ses vastes proportions. Il nous présente, en effet, son modèle sous un aspect qui nous plaît davantage, mais nous devons dire, pour être vrai, que le travail de M. Chapu donne la mesure d'un talent supérieur à celui de M. Leenhoff sous le rapport de l'exécution.

La partie mobile du front, dans le buste de M. *Champfleury*, par M. Guillemin, est trop dominante. Des rides aussi nombreuses donnent à la tête un caractère d'hésitation que ses nobles proportions contredisent. La nature semble avoir doué le modèle de plus de qualités que le ciseau de l'artiste n'en laisse voir.

Pas de souffle dans le buste colossal de *Lamartine*, par M. Lenoir. La tête est régulière, ressemblante, limpide si l'on veut, mais c'est la limpidité du vide. Le poëte, l'écrivain, l'homme d'État n'ont pas été coulés dans ce moule.

Le buste de *J.-J. Ampère*, par M. Plissonnier, manque de moelleux, mais le front ouvert et le regard observateur s'unissent dans cette tête à une expression de douleur contenue qui n'est pas sans poésie. *Cauchy*, talent solitaire et renfermé, a été le sujet d'un bon travail de la part de M. Tournier. C'est bien là l'homme réfléchi qui n'a rien à apprendre du dehors et qui vit de sa propre pensée. La tête penchée est empreinte de bonté; le front vaste, sans rides, marque l'aisance du génie pour qui la science n'a point de pénibles secrets : le caractère dominant de cette figure c'est la force reposée.

M. Carpeaux est aussi connu par ses bravades que par son talent. Le buste de *M. Alexandre Dumas fils* qu'il expose est d'une désinvolture, disons plus, d'un débraillé qui ne donne pas une idée juste du personnage représenté. Ce ne peut être là qu'un écrivain dans le laisser-aller du cabinet de travail. Alors, M. Carpeaux eût dû inscrire sur la plinthe de son marbre « buste intime. » Nous serions tenté de classer cette œuvre dans la sculpture de genre, tant les conditions qui s'imposent au statuaire sont ici volontairement méconnues, avec un talent de ciseau qu'il est à peine besoin de relever. Il y a de la pochade dans ce marbre étrangement fouillé par une main trop sûre d'elle-même pour qu'on l'excuse.

Le buste du *Schah de Perse*, par M. Crauk, est d'une impassible gravité. Le monarque oriental a le front couvert de son haut bonnet surmonté d'une aigrette de diamants. La coiffure ainsi posée sur les sourcils était un sérieux obstacle pour le statuaire. M. Crauk s'en est habilement tiré. La face n'est ni écrasée, ni gênée par une telle coiffure. D'un profil très-pur, Nasser-Ed-Din porte des traits calmes à travers lesquels il est assez difficile de saisir sa pensée, mais qui sont empreints dans leur froide régularité d'un caractère de grandeur que l'artiste était tenu de créer presque sans points de repère.

Une *Merveilleuse de 1796*, par M. Aizelin, est une œuvre achevée. Imaginez un buste de femme d'une parfaite convenance, des plumes dans les cheveux, au cou le triple collier de perles et des fleurs au corsage. Cette élégante a le regard baissé. Il y a comme un mélange de modestie et de luxe extravagant dans ce buste, mais, au premier coup d'œil, ont est saisi par le talent et la retenue de l'artiste. Où tant d'autres n'ont cherché que le sujet de scènes risquées, M. Aizelin a su trouver une inspiration sérieuse.

M. Adam-Salomon a exposé deux bustes de grande valeur : *François Ponsard* et *Augustin Cochin*. Le premier se fait remarquer par des qualités de jeunesse et d'honnêteté : c'est un marbre très-pur de dessin qui se peut classer au nombre des bons portraits que possèdent nos galeries.

Le buste d'Augustin Cochin ne peut être comparé à la figure de Ponsard. Sculpté jusqu'à mi-corps, Cochin a le bras gauche plié à angle droit, et la main droite ramenée au-dessous du menton que l'index vient effleurer. C'était la pose familière de l'éminent écrivain. La tête est fine, allongée, l'œil profond, les lèvres pensives. Il écoute et il attend. Il se tient dans une certaine réserve qui n'est pas de la défiance. La bonté, l'intelligence et la méditation sont imprimées sur ce visage d'honnête homme et de lettré. On dira peut-être que ce buste manque de grandeur. Nous répondrons que l'extrême finesse des traits d'Augustin Cochin demandait, en effet, un marbre plus ferme et moins transparent que celui dont s'est servi le statuaire. La lumière diffuse nuit à l'examen de ce bon travail, mais, somme toute, c'est une œuvre correcte, élégante, sans reproche, et c'est avec une joie bien sincère que nous avons salué cette figure du maître disparu, renaissant dans le marbre à l'heure même où l'amitié fidèle d'un homme illustre, son compagnon de lutte, lui élevait, avec la plume, un monument impérissable. Les deux portraits sont dignes du modèle.

VIII.

Madame Hazard : *L'Abandonnée.* — Madame Bertaux : *Le Jeune Prisonnier.* — Mademoiselle Adam : *Le Printemps.* — Madame Astoud-Trolley : *Érigone.* — Madame Nicolet : *Sainte Marguerite d'Antioche.* — Mademoiselle Mulotin de Mérat : *Mademoiselle Pastor.* — Mademoiselle Fresnay : *Le Sommeil.* — Madame Bureau : *Jeune Napolitain.* — Mademoiselle Hugentobler : *M. Tieckchof.* — Mademoiselle Marie Courbe : *M. J. R.*

Pausanias, dans son *Voyage de l'Attique*, parle ainsi de Callimaque : « Il n'était pas de la force des grands ouvriers, mais il les passait tous en une certaine finesse d'art. Il est le premier qui ait trouvé le secret de percer le marbre, et il était d'un goût si difficile pour ses propres ouvrages, qu'on l'appelait communément l'ennemi juré de l'art, soit que ce nom lui fût donné par les autres ou qu'il l'eût pris lui-même. »

Ce jugement de Pausanias nous revient en pensée au moment où nous devons parler des œuvres sculptées par des femmes. Elles aussi « ne sont pas de la force des grands ouvriers, mais elles les passent quelquefois en une certaine finesse d'art. » Pourquoi la sévérité de Callimaque à l'endroit de ses propres œuvres n'est-elle pas le second signe distinctif de leur talent ? Nous aurions dans notre école de sculpture un petit groupe d'artistes aux œuvres délicates et choisies dont l'influence ne pourrait manquer d'être salutaire.

Vingt-deux femmes avaient exposé des ouvrages de sculpture au Salon de 1873. Cette année nous en comptons vingt-six. Il y a progrès dans le nombre, et peut-être la qualité des travaux est-elle aussi quelque peu supérieure. Toutefois la note dominante n'est plus à chercher aujourd'hui dans une même figure, comme la *Sarah* de madame Bertaux, mais dans un certain nombre d'œuvres, bustes et statues, également dignes d'éloges.

L'*Abandonnée*, par madame Hazard, n'a point de parenté avec l'héroïne de M. Coppée. Elle ne dit pas comme elle :

> La ville a l'ouvrière et le bois la fourmi,
> Sans savoir que l'insecte où l'humble fille existe.

Elle est mère, et son abandon entre ses deux enfants a toutes les proportions d'un drame. Assise, elle pleurait tout à l'heure, le front dans la main; un de ses enfants, debout, le bras amoureusement pendu au bras de sa mère qu'il essaye de consoler, tient sur elle son regard suppliant et inquiet. Cette figure d'enfant a beaucoup de mérite. La mère n'est pas moins vraie dans sa douleur. Les épaules découvertes n'enlèvent rien à la dignité de la figure : on sent la trace de la misère sous ce vêtement. Un petit enfant nu, et assis à la droite du groupe principal, est tout occupé d'un oiseau qu'il tient dans ses mains. Il y a du naturel dans cette troisième figure. Nous reprocherons à madame Hazard d'avoir posé la main droite de la mère avec aussi peu de fermeté sur l'épaule de l'enfant assis auprès d'elle. Cette main, qui effleure à peine le cou de l'enfant, ne marque pas l'abattement et rompt l'unité d'action. De plus, l'artiste n'eût pas dû chausser de pantoufles modernes les pieds de cette femme dans le dénûment. Après avoir donné au vêtement, en le généralisant, un caractère de noblesse poétique, ainsi que l'a fait madame Hazard, il est regrettable que les pieds de sa statue disparaissent sous une chaussure dépourvue de style, lorsque le sujet autorisait le nu.

Le Jeune Prisonnier, de madame Bertaux, est une œuvre où le caractère tient une large place. Étroitement lié à la muraille, mais debout, énergique, la tête en avant, les cheveux serrés au tempes, le regard sombre, les lèvres plissées par la colère, l'éphèbe respire la vengeance. Le *Væ victoribus!* s'échappe de toute sa personne, et cet homme sera terrible à l'heure de la liberté. Nous louons sans réserve tout le haut du corps : le torse et la tête sont excellents. Nous n'en pouvons dire autant du ventre, un peu flasque, et des jambes dont l'aplomb nous a paru défectueux. Elles sont d'ailleurs interprétées dans un sentiment de jeunesse très-exact, mais nous n'avons pas trouvé qu'elles fussent à l'unisson de la tête et de la poitrine. Que madame Bertaux prenne la peine de regarder le *Laocoon*, elle verra que l'orteil du pied n'exprime pas moins de souffrance que la tête du patient.

Mademoiselle Adam n'a pas su jeter une idée dans sa figure du *Printemps*, dont le modelé renferme certaines beautés. C'est là une œuvre sculptée, ce n'est pas un sujet. L'*Erigone* de madame Astoud-Trolley n'est pas intelligible au premier coup d'œil, ce qui est toujours un défaut. Il faut à cette figure une légende qui en explique la pose tant soit peu heurtée. La sœur de Pénelope allait offrir un sacrifice à quelque divinité domestique, lorsqu'une vigne grimpante qui entourait l'autel attire sa main. C'était Bacchus lui-même qui venait de se métamorphoser! Le sujet, on l'avouera, n'est pas aisé à comprendre, et nous regrettons que l'auteur se soit renfermé dans un thème de cette nature, que ne parviennent pas à sauver de réelles qualités d'exécution. La statue de *Sainte Marguerite d'Antioche*, en pierre, sculptée par madame

Nicolet, est un ouvrage dans lequel il faut louer la simplicité de l'attitude et le naturel de l'expression. Quelque maigreur dans les plis et des détails inutiles, indiqués sur le vêtement de la martyre, sont de légères fautes dont l'artiste saura se défendre dans un prochain ouvrage.

Le buste de *mademoiselle Pastor*, par mademoiselle Mulotin de Mérat, fait honneur à la main qui l'a modelé. Peu de détails, — qualité rare chez les artistes femmes, — de la jeunesse, de l'élégance et du mouvement, tel est ce buste plein de convenance. C'est une œuvre résolue et qui atteste dans le faire de l'auteur un certain mordant. Le *Sommeil*, par mademoiselle Fresnay, est interprété avec beaucoup d'ampleur.

Une œuvre meilleure à tous les points de vue, c'est le *Jeune Napolitain*, de madame Bureau. Les cheveux au vent, les lèvres fines, les yeux largement ouverts, cette tête d'enfant a de l'aisance et de la mutinerie. Le cou se dégage bien; le vêtement à peine indiqué ajoute au caractère de cette figure où rien n'est à reprendre. Le buste de *M. Tieckchof*, par mademoiselle Hugentobler, est un bon portrait. Le front porte la marque d'un esprit actif et plein de volonté; la mobilité de la face confirme les présages du front et donne à la figure une grande unité. Moins de sénilité dans les traits et moins de réalisme dans les lèvres eussent fait de cette œuvre un travail à l'abri de tout reproche. Nous invitons l'auteur à se défendre contre l'excès d'une qualité : lorsqu'on a des tendances naturelles à modeler vigoureusement, il faut craindre de ne pas conserver toujours un respect suffisant de l'idéalité.

C'est un portrait de valeur que le buste de M. *J. R.*, par mademoiselle Marie Courbe. La saillie du sourcil, bien prononcée, marque l'énergie; les pommettes et le front, largement traités, achèvent de caractériser la physionomie. Il est à regretter que les lèvres ne soient pas mieux indiquées sous la barbe. Quoi qu'il en soit, ce buste est à signaler parmi les meilleurs.

IX.

CONCLUSION.

Il faut conclure.

Le lecteur n'attend pas de nous que nous établissions chaque année un parallèle entre le dernier Salon et ceux qui l'ont précédé.

De tels rapprochements seraient difficilement vrais, quelle que fût la sincérité de notre critique.

Il nous semble plus utile de marquer la note dominante de chaque exposition. Or, ce qui a frappé davantage au Salon de 1874, ce sont les bustes.

Encore que nous n'ayons accordé qu'une place restreinte dans ces pages à l'étude des bustes exposés, ce sont les ouvrages de cette catégorie qui, par leur nombre, aussi bien que par leur ensemble, ont attiré le plus de suffrages.

Un buste peut être une œuvre de génie.

Si le personnage représenté, si l'artiste surtout, est doué de pensée, la tête sculptée dans le marbre méritera d'être dite un chef-d'œuvre.

La tête n'est-elle pas la partie maîtresse et souveraine dans le corps de l'homme?

Cependant, nous ne regardons pas comme un signe rassurant cette tendance des statuaires à demeurer trop exclusivement dans l'interprétation de la tête.

Un grand nombre de bustes sont des portraits et rien de plus.

La statuaire a devant elle de plus larges horizons.

Le buste ne parle pas à tous les yeux. Il faut pour qu'il soit compris que l'œil exercé du critique se soit fixé sur lui, que la plume et la voix aient proclamé son mérite.

La statue règne par sa seule présence. C'est d'elle que Virgile a dit : *Vera incessu patuit dea,* voici le pas d'une déesse, voici son geste d'empire, voici son regard qui ne souffre pas qu'on l'affronte. Inclinons-nous.

Le buste reposera la main du statuaire.

L'artiste résumera de temps à autre dans cette réduction de la statue, les fortes pensées, les aspirations délicates qu'il aimait naguère à répandre sur son marbre de grandes proportions. Mais il se souviendra du Dante, qui n'écrivit ses Sonnets qu'après son poëme de l'*Enfer*.

Voilà pourquoi, rêvant un art populaire, nous passons volontiers devant les bustes de nos sculpteurs — non sans leur rendre justice — pour étudier plus à loisir ce que le peuple comprend : la statue.

C'est l'image intégrale de l'homme qui est le terme naturel de la sculpture, et nous convions les artistes qui liront ces pages à ne pas s'attarder en chemin.

Au statuaire, il faut la statue.

TABLE DES AUTEURS

www.ingramcontent.com/pod-product-compliance
Lightning Source LLC
LaVergne TN
LVHW010616110826
845149LV00003B/941

* 9 7 8 2 0 1 9 5 3 1 1 7 1 *